Burg Eltz

Ute Ritzenhofen

Burg Eltz

Großer DKV-Kunstführer

Deutscher Kunstverlag Berlin München

Frontispiz:
Die älteste erhaltene Darstellung von Burg Eltz
entstand um 1663. Rechts im Vordergrund Johann
Jakob zu Eltz-Kempenich mit dem Familienwappen

Abbildungsnachweis
Alle Aufnahmen von Ute Ritzenhofen
mit Ausnahme von
Seite 11, 18, 42, 47, 48/49, 53, 65, 66, 67 oben: Fritz Barthel, Hamburg
Seite 13, 16/17, 22, 39, Titel: Martin Jermann, F.G. Zeitz KG, Königsee
Seite 21: Michael Jeiter, Morschenich
Seite 33: Landessammlung zur Geschichte der Fotografie
in Rheinland-Pfalz, Landesmuseum Koblenz
Seite 41: Geldscheinsammlung, HypoVereinsbank
München

Lektorat
Rainer Schmaus und Edgar Endl

Herstellung
Edgar Endl

Reproduktion
connecting people, Starnberg
Lanarepro, Lana (Südtirol)

Druck und Bindung
Lanarepro, Lana (Südtirol)

Bibliografische Information der Deutschen Nationalbibliothek
Die Deutsche Nationalbibliothek verzeichnet diese Publikation in der
Deutschen Nationalbibliografie; detaillierte bibliografische
Daten sind im Internet über http://dnb.d-nb.de abrufbar

3., durchgesehene Auflage
© 2010 Deutscher Kunstverlag GmbH Berlin München
ISBN 978-3-422-02226-3

Inhalt

Ein Märchen aus Stein:
Burg Eltz gestern und heute

D ie Straße wurde noch steiler, und die geheimnisvolle Verborgenheit der Burg Eltz machte uns sehr gespannt, als wir schließlich durch die Bäume, die den gewundenen Weg dicht umstanden, das Tal vor uns schimmern sahen«, berichtet die englische Reiseschriftstellerin Katharine Macquoid in ihrem Buch *Die Eifelreise*, »dann hatten wir plötzlich durch das Netz der Zweige vor uns eine Vision! Eine Masse von spitzen Dächern und Giebeln zeigte sich. Ein wenig weiter stand ein Wegweiser mit einem Pfeil, der auf einen Pfad zur Seite wies. Nach wenigen Schritten dort entlang öffneten sich die Bäume, und urplötzlich lag Burg Eltz vor uns. Man kann diese Burg in Worten kaum beschreiben. Sie ist wie ein Märchen in Stein; das gesamte Bild scheint eher ein Traum als die Wirklichkeit zu sein, und deshalb klingt jede Beschreibung entweder ungenügend oder übertrieben«. Trotzdem versucht Macquoid anschließend den Anblick und ihre ersten Eindrücke in Worte zu fassen: »*Ein bewaldeter, kegelförmiger Fels hebt sich steil aus dem Elztal mitten in einem Kreis lieblicher Hügel; als Krönung dieses Felsens und ganz mit ihm verwachsen, wie es scheint, steht ein vollkommenes Labyrinth von spitzen Türmchen und Dächern, Erkern, Giebeln, Schornsteinen und Dachfenstern, hier, und dort überall ausgebaut, so daß es, wenn man schaut und schaut, ebenso verwirrend wie bezaubernd ist*«.

Katharine Macquoid kam bei ihrem Besuch im Jahr 1895 von Münstermaifeld zur Burg Eltz, nachdem sie sich dort für die Fahrt eine Kutsche gemietet hatte. Die meisten Besucher, die Burg Eltz heutzutage besichtigen, folgen gewissermaßen ihren Spuren. Sie fahren über Münstermaifeld und das kleine Dorf Wierschem nach Süden, stellen den Wagen auf dem Parkplatz an der Antoniuskapelle ab und gehen dann die letzten 800 Meter zu Fuß zur Burg Eltz. Schon nach wenigen Minuten bietet sich ihnen dann ein erster Blick auf die Burg. Die Perspektive, aus der man sie

zunächst zu sehen bekommt, überrascht viele, denn man sieht Burg Eltz zuerst von oben. Vom ersten Aussichtspunkt hat man einen schönen Blick auf fast den gesamten Gebäudekomplex. Im Vordergrund sieht man das Haupttor, durch das der wichtigste Zugangsweg in die Burganlage führt. Unmittelbar hinter dem Tor und auch links von ihm erkennt man kleine Wirtschaftsgebäude, in denen sich früher einmal Ställe und Werkstätten befanden. Dahinter erheben sich die turmhohen Wohnhäuser, die in einem Gewirr von kleinen Türmchen und Kaminen enden. Von den gräulichbraunen Natursteinwänden und den blaugrauen Schieferdächern heben sich weiße Erkerchen und rot-weiße Fachwerkvorbauten malerisch ab. Auf der rechten Seite sieht man schließlich schwere Befestigungsanlagen, die aus den Resten einer breiten Mauer und zwei Türmen bestehen.

Fast noch beeindruckender ist es, sich der Burg von Moselkern aus zu nähern. Ein schmaler Fußweg führt von dort an dem kleinen Fluss Elz entlang nach Norden. Wer ihn entlang wandert, der sieht die Burg Eltz zunächst aus einer völlig anderen Perspektive, nicht von oben, sondern von einem der tiefsten Punkte des Elztals aus, so wie der Erzähler des Romans *Im Burgfrieden*, der von der Mosel aus zu Fuß zur Burg wandert: »*Enger wurde das Tal. Ich überschritt den Gebirgsbach und folgte dem Pfad an der waldigen Bergwand entlang – aufwärts, abwärts. Zerklüftete Abhänge zu beiden Seiten, wohin ich sah. Über mir die Wipfel des Bergwaldes – tief unten das schäumend hineilende Wasser der Elz. Hin und wieder weitet sich das Tal, kleine Wiesen mit frischem Grün erfreuen den Blick, bald eine klappernde Mühle, ein einsames Gehöft mit weidender Viehherde. Dann aber wird es düsterer und schroffer um mich her und feierlicher die Waldeinsamkeit, tiefer das Rauschen des Wildwassers. Plötzlich da vor mir lichtet sich's.*

Wenn man von der Mosel zur Burg Eltz wandert, sieht man sie zunächst von unten aus dem Tal.

Über einen Wiesenhang fort sehe ich sie – schroff aufsteigend, zwischen den Waldhügeln – empor – als wollte sie alles überragen und die Wolken berühren mit ihren stolzen Zinnen: Burg Eltz, die uralte, herrliche Ritterfeste. Auf steiler Felskuppe steht sie da, grau und verwittert. Standhafte Mauern, hohe Giebel, spitze Schieferdächer, übereinander emporsteigend zu schwindelnder Höhe, Türme, Zinnen und Erker, zahllose Fensterreihen – das Ganze ein Bauwerk von riesenhafter Kraft und Wucht und doch zugleich stolzer Leichtigkeit – das Abbild selbstbewußter Herrenmacht«.

Neben der erstaunlichen Höhe der Gebäude – an der höchsten Stelle gibt es ganze zehn Stockwerke – fällt einem aus dieser Perspektive auch die geradezu ideale Lage der Burg auf. Wenn man aus dem Elztal nach oben schaut, kann man die große Burganlage zwar nicht annähernd überblicken, man versteht

aber sofort, warum sich ihre Erbauer gerade diese Stelle aussuchten: Der hohe Felskopf mitten im Tal bildet ein perfektes Fundament für die darauf errichteten Gebäude. Die steilen Hänge bieten einen gewissen Schutz. Der Fluss Elz, der praktisch den kompletten Felsen umfließt, ist eine Art natürlicher Wassergraben. Die Stelle ist außerdem strategisch günstig gelegen, denn im Mittelalter – und vielleicht sogar schon in römischer Zeit – führte ein wichtiger Weg durch das schmale Elztal. Er verband die Mosel, die schon immer eine wichtige Handelsstraße war, mit dem fruchtbaren Maifeld und der Eifel. Diese Strecke konnte von Burg Eltz aus leicht kontrolliert und gesichert werden.

Die Anfänge der Burg

Wann genau hier mit dem Bau einer ersten Burganlage begonnen wurde, ist nicht ganz klar. Es gibt Vermutungen, dass die Familie Eltz von der einflussreichen Trierer Familie de Palatio abstammt. Dieser Theorie zufolge sollen die Söhne des Burggrafen Ludwig de Palatio 1131 Trier verlassen haben, um sich auf verschiedenen Landgütern der Familie niederzulassen. Sie bauten diese Güter dann zu Burgen aus und benannten sich nach ihren Wohnorten. Auf diese Weise, so heißt es, seien die Burgen Eltz, Esch und Helfenstein entstanden. Wirklich belegen lässt sich diese These nicht; da sich aber die Wappen der drei Familien ähneln – alle haben Wappen, die einen halben Löwen zeigen –, könnte man eine Verwandtschaft durchaus vermuten.

Auch der Name »Eltz« gibt den Historikern immer noch gewisse Rätsel auf. Man trifft in alten Quellen auf verschiedene Schreibweisen, die von »Elze« und »Elce« bis zu »Elz« und »Eltz« reichen. Heutzutage unterscheiden sich die Namen des Flusses und der Burg durch verschiedene Schreibweisen: Der kleine Fluss wird »Elz«, Familie und Burg hingegen werden »Eltz« geschrieben. Vermutlich ist das Wort keltischen Ursprungs. Es könnte die schwarze Erle bezeichnen, die im Althochdeutschen »Els« oder »Else« heißt. Dieser Baum kommt im Tal der Elz häufig vor, und auch das Quellgebiet des kleinen Flusses bei Bereborn in der Eifel wird »In den Erlen« genannt. Man kann davon ausgehen, dass der Name des Flusses deutlich älter ist als der der Familie und dass die Bewohner der frühen Burganlage sich – wie im hohen Mittelalter üblich – schlicht nach ihrem Wohnort am Elzbach benannten. Eine erste Erwähnung des Flusses Elz findet sich bereits in dem Gedicht »Mosella«, das der römische Dichter Ausonius im Jahr 372 n. Chr. in Trier schrieb. Dort heißt es in einer Passage über die Nebenflüsse der Mosel: *»Nicht geringer als sie streift durch fette Gebreite Segen begründend die Elz vorbei an fruchtbaren Ufern«*.

Die älteste erhaltene Urkunde, in der ein Mitglied der Familie vorkommt, stammt aus dem Jahr 1157. Kaiser Friedrich I. Barbarossa schenkte dem Trierer Erzbischof in dieser Urkunde das Stift St. Maximin, die Burg in Treis

Der spätromanische Bergfried Platt-Eltz ist das älteste Gebäude der Burg.

Dem Bach Elz verdankt die Burg ihren Namen.

an der Mosel und einige andere Ländereien. Interessanter ist in diesem Zusammenhang die Liste der Zeugen, deren Nennung die kaiserliche Schenkung amtlich machte. Unter ihnen wird nämlich ein gewisser »Rudolfus de Elze« aufgeführt, der erste historisch belegte Bewohner der Burg Eltz.

Spätestens um die Mitte des 12. Jahrhunderts gab es also eine erste Burg im Elztal. Die Errichtung dieser frühen Anlage fiel mitten in die Blütezeit des mittelalterlichen Burgenbaus. Vom 11. bis ins 13. Jahrhundert entstanden allein im deutschen Raum Tausende von Burgen, die adligen Familien als befestigte Wohnsitze dienten. Üblicherweise bestanden solche Anlagen aus einem Turm – dem Bergfried – und einem Wohnhaus – dem Palas –, die von schützenden Mauern umgeben wurden. Aus diesen Elementen bestand wohl auch die Burg, die Rudolf von Eltz um 1157 bewohnte, wobei man allerdings nicht genau weiß, wie sie aussah.

Als einziges Gebäude aus dieser Zeit ist der siebengeschossige Bergfried Platt-Eltz erhalten geblieben, der am südwestlichen Ende des Burghofs an der höchsten Stelle des Felskopfes steht (Abb. S. 9). Da er auf einem kleinen Felsplateau errichtet wurde, vermutet man, dass sich der etwas eigenartig anmutende Name Platt-Eltz von dem Wort Plateau herleitet. Das turmartige, heute naturfarben verputzte Gebäude ist aus dem ortsüblichen Bruchstein Grauwacke und aus Schiefer errichtet und hat einen einfachen quadratischen Grundriss, an den sich an der Ostseite ein eckiger Treppenturm mit einer rot-weißen Fachwerkspitze anschließt. Vom Innenhof aus kann man im zweiten Stockwerk zwei romanische Doppelfenster erkennen, hinter denen sich die Bibliothek der Familie Eltz verbirgt.

Ein ähnlicher romanischer Doppelbogen ist auch an der Außenmauer der heutigen Kempenicher Häuser an der Ostseite des Innenhofs zu sehen. Er wurde dort 1978 bei Restaurierungsarbeiten entdeckt und freigelegt. Seitdem wird davon ausgegangen, dass sich an dieser Stelle ein romanisches Wohnhaus befand. Nur wenige Meter davon entfernt ist unter dem mächtigen Treppenturm der Kempenicher Häuser die ursprüngliche Zisterne erhalten, die die Wasserversorgung der Bewohner sicherte.

Aus der Frühzeit der Burg stammen auch die massigen Befestigungsanlagen an ihrer Westseite. Wenn man von der Terrasse zwischen Platt-Eltz und Rübenacher Haus aus ins Elztal blickt, kann man zwei Türme und dazwischen eine dicke, mit Schießscharten versehene Mauer erkennen. Sie wurden 1976 freigelegt und restauriert und vermitteln heute eine Vorstellung davon, wie stark befestigt die Burganlage einmal gewesen sein muss.

Ein Doppelbogen in der Fassade des Kempenicher Hauses belegt, dass hier schon in romanischer Zeit ein Gebäude stand.

Reste der ursprünglichen Befestigungsanlagen vor der Westseite der Burg

Leben in der Burg

Vom Urahn Rudolf von Eltz an lässt sich die Geschichte der Familie Eltz seit Mitte des 12. Jahrhunderts lückenlos bis in die Gegenwart verfolgen. Schon nach vier Generationen, noch vor 1268, nahmen Rudolfs Urenkel, die Brüder Elias, Wilhelm und Theoderich, eine erste Stammesteilung vor. Sie teilten auch die Burg und die dazugehörigen Güter und Besitzungen unter sich auf. So entstanden die drei Hauptlinien des Hauses Eltz, die sich – nach ihren Wappen – Eltz vom goldenen (oder gelben) Löwen, Eltz vom silbernen (oder weißen) Löwen und Eltz von den Büffelhörnern nannten, wobei im Fall der letzteren Linie die Büffelhörner nur in der Helmzier zu finden waren – das eigentliche Wappen war ebenfalls ein halber goldener Löwe.

Burg Eltz wurde so zu einer Ganerbenburg, in der mehrere Linien in einer Erb- und Wohngemeinschaft zusammenlebten. Unter Ganerben verstand man im Mittelalter die ritterlichen Mitglieder einer Erbengemeinschaft, die sich zu einer Art Rechtsgemeinschaft zusammenschlossen, um die Einheit des Familienbesitzes zu wahren. Die zunächst äußerst enge Lebensgemeinschaft auf einer Burg wurde durch die Aufteilung in getrennte Wohneinheiten und Haushalte einerseits gelockert, andererseits blieb durch den gemeinsamen Namen und ähnliche Wappen die Einheit gewahrt. Die rechtliche Grundlage einer solchen Gemeinschaft bildeten förmliche Verträge, so genannte Burgfriedensbriefe, die das Leben auf der Burg bis ins Detail regelten. Sie bestimmten Rechte und Pflichten der einzelnen Burgbewohner und regelten die Verwaltung und Unterhaltung der Burg.

Der früheste Burgfriedensbrief, der in der Geschichte der Burg Eltz belegt ist, wurde am 6. September 1323 zwischen Werner, Hein-

Wappen der Linie Eltz-Kempenich

rich, Lancelot, Johann, Dietrich und Perzeval zu Eltz abgeschlossen. Der Brief legte die genauen Grenzen des Burgfriedens fest und schrieb vor, dass man sich innerhalb des Burgfriedens gegenseitig helfen und unterstützen musste. Die Nennung eines Pfarrers als Besitzer von Land innerhalb des Burgfriedens deutet darauf hin, dass die Burg Eltz damals schon eine eigene Kapelle hatte.

Nachdem es zwischen den beiden Linien vom goldenen Löwen und vom silbernen Löwen zu Streitereien über Besitzansprüche und Erbschaften gekommen war, wurde am 15. Januar 1430 ein neuer, ausführlicherer Burgfriedensbrief abgeschlossen, der genauere Einblicke in das Leben und die Probleme der Burgbewohner gibt. Er beginnt mit einem recht allgemein gehaltenen Aufruf zu Solidarität und gegenseitigem Beistand: »*1. Die Gemeiner der Burg sollen sich weder unter sich noch Weiber, Kinder oder die Ihrigen an Leib oder Gut schaden, es sei Krieg oder nicht, sondern gegenseitig Alles, was in dem Burgfrieden wohnt, schützen und einander helfen, so oft es Noth ist*«.

Anschließend folgt eine längere Passage, die sich mit Verbrechen innerhalb der Burggemeinschaft befasst und deren Bestrafung regelt: »*2. Schlägt Einer innerhalb der Burg oder*

dem Burgfrieden Jemanden todt, so soll der Thäter von Stund an den Burgfrieden räumen und sammt seinen Erben kein Recht mehr an Burg Eltz haben, noch in den Burgfrieden kommen, es sei denn, dass er den nächsten Erben des Erschlagenen nach deren Angabe den Todtschlag gebessert habe«. Und zumindest ein Mord ist aus der Geschichte der Burg und ihrer Bewohner auch wirklich überliefert. 1372 wurde Heinrich von Eltz aus der Linie mit dem goldenen Löwen von Johann von Eltz aus der Linie mit den Büffelhörnern auf Burg Eltz erschlagen.

Auch Strafen für andere Verbrechen werden in großer Ausführlichkeit besprochen: »*3. Schlägt Einer den Andern ohne Unterschied lahm, so soll er ebenfalls den Burgfrieden räumen, nicht mehr ins Schloss oder den Burgfrieden kommen, bis er dem Kläger oder dessen Erben den Schaden gebessert habe. Hierüber entscheiden die gekorenen Schiedsleute Diederich von Monreal, Heinrich von dem Walde den man nennt Brant. Stirbt einer dieser Schiedsmannen, so sollen die Gemeiner des Schlosses binnen vierzehn Tagen einen Andern an dessen Statt küren. Werden sie bei der Wahl nicht einig, so soll der zweite noch lebende Schiedsmann einen andern Schiedsmann bestimmen und diese Beiden sollen dann Recht sprechen betreffs des Burgfriedens. 4. Schlägt Einer den Andern wund oder sticht denselben, jedoch nicht tödtlich, so soll der Thäter mit Weib, Kind und den Seinigen von Stund an den Burgfrieden räumen und binnen einem Jahre nach der That nicht mehr in das Schloss und den Burgfrieden kommen, noch Gemeinschaft daran haben. Auch soll er dem Getroffenen nach Bescheid der Schiedsleute den Schaden bessern und ehe er wieder in die Burg kommt, soll er dem gemeinen Baumeister zwanzig oberländische Gulden Mainzer Währung zur Busse erlegen, welche zum gemeinen Bau des Schlosses verwendet werden*«. Das hier erwähnte Amt des Baumeisters war äußerst wichtig. Er war für die Unterhaltung und Instandsetzung der Gebäude verantwortlich. Außerdem organisierte er den Schutz der Burg und stellte u.a. das Wachpersonal ein.

Weiter heißt es: »*5. Gibt einer dem Andern einen Faustschlag oder dergleichen, so soll er auch von Stund an den Burgfrieden räumen auf sechs*

Wochen lang nach der That und soll den Geschlagenen nach Spruch der Schiedsmannen entschädigen, auch ehe er wieder in den Burgfrieden gelangt, zum gemeinen Bau dem Baumeister fünf rheinische Gulden Mainzer Währung erlegen. 6. Beleidigt Einer den Andern mit ehrrührigen Worten, so soll er zur Busse auf einen Monat lang den Burgfrieden mit Weib und Kind räumen«.

Auch das Verhalten gegenüber Abhängigen, den so genannten Hintersassen, und dem Gesinde ist geregelt: *»7. Keiner soll sich an Leib oder Gut der Hintersassen zu Eltz vergehen oder irgend Unwillen denselben zufügen. 8. Keiner soll des andern Gesinde in Dienst nehmen ohne Wissen und Willen des Andern. 9. Schlagen sich die Knechte innerhalb des Burgfriedens unter einander und die Gemeiner kommen dazu, so sollen sie die Streitenden trennen und können solche behalten oder wegschicken. Nach Untersuchung der Sache soll Der, welcher den Streit angefangen, den Andern entschädigen und zum gemeinen Bau fünf Gulden Mainzer Währung geben. Werden die Knechte entlassen, so sollen sie nicht eher wiederum in den Burgfrieden kommen, bis ihr Gegner entschädigt und die Strafe erledigt ist«.*

Es folgen weitere Regeln zum Schutz der Gemeinschaft: *»10. Keiner soll des Andern offenen Feind in das Schloss und den Burgfrieden mit seinem Wissen bringen; thut er das ohne Kenntnis des Verhältnisses, so sollen der oder die offenen Feinde, sobald die Gemeiner oder die Ihrigen in dem Schlosse das inne werden, ohne Verzug aus dem Schlosse gebracht und nicht eher wieder eingelassen werden, bis die Feindschaft zu Ende ist. Keiner dieser Feinde soll binnen einem Tage oder einer Nacht nach Verlassen der Burg dem, dessen Feind er wäre, Schaden zufügen. 11. Keiner soll dem Andern Schaden zufügen, es sei Feindschaft zwischen ihnen oder nicht, es sei denn einen Tag und eine Nacht bereits aus dem Schlosse und dem Burgfrieden abwesend gewesen. 12. Keiner der Gemeiner des Schlosses soll Einen zu dem Schlosse anhalten oder ihm und den Seinen an Leib und Gut Schaden thun innerhalb des Schlosses oder Burgfriedens …«.*

Auch der Aufenthalt von Gästen wird bis ins Detail geregelt: *»13. Fürsten, Grafen und Herren, die ihren Aufenthalt in der Burg nehmen, sollen jeder einen offenen besiegelten Brief geben und dem gemeinen Baumeister senden, worin sie geloben mit guten Treuen und an Eides Statt und schwören, den Burgfrieden für sich und die Seinen zu halten, so lange sein Aufenthalt auf dem Schlosse und im Burgfrieden währe. Ein Ritter oder Knecht, welcher Aufenthalt in der Burg hat, soll gleichfalls geloben und schwören, ehe er aufgenommen wird, wenn er dieses nicht bereits zuvor gethan. 14. Ein Fürst, der seinen Aufenthalt in dem Schlosse erhalten, soll dem gemeinen Baumeister an Unterhaltungsgeld, ehe seine Aufnahme erfolgt, vierzig oberländische Gulden Mainzer Währung und zwei gute Armbrüste, welche im Schlosse verbleiben, und den Pförtnern einen Gulden reichen. Ein Graf oder Herr gibt zwanzig Gulden und eine gute Armbrust, den Pförtnern einen Gulden, ein Ritter oder Knecht sechs Gulden und den zwei Pförtnern einen Gulden, welches Geld zum gemeinen Bau des Schlosses verwendet wird«.* Von Gästen wird erwartet, dass sie sich am Schutz und der Verteidigung der Burg beteiligen: *»15. Jeder Fürst, Graf oder Herr soll, solange sein Aufenthalt im Schlosse währt, auf seine Kosten zwei Wächter und ein Ritter oder Knecht einen Wächter bestellen. Diese Wächter sollen geloben und schwören, den Burgfrieden zu halten, zu wachen und zu hüten wie die gewöhnlichen Wächter und Knechte des Schlosses. Wer das Alles geleistet, soll Aufenthalt auf dem Schlosse, doch nicht über ein Jahr lang, geniessen«.*

Weitere Vorschriften beziehen sich auf die Bewachung und Unterhaltung der Burg und regeln die Finanzierung von gemeinschaftlichen Baumaßnahmen: *»16. Die Gemeiner des Schlosses, ihre Erben und Nachkommen sollen stets einen Caplan auf der Burg halten und denselben gleichmässig belohnen und verköstigen. 17. Ebenmässig sollen dieselben stets einen Wächter und zwei Pförtner halten. 18. Der zeitweilige Baumeister soll den Priester, die Wächter und Pförtner anstellen und für ihren Lohn sorgen. Johann zu Eltz zahlt zu dem Wächtergeld siebzehn Gulden zu 20 Albus, die Gebrüder Wilhelm und Lentzgen zehn Gulden; was am Wächtergeld übrig bleibt, soll zum gemeinen Bau verwendet werden. 19. Die Pförtner sollen gemeinschaftlich und gleichmässig belohnt werden. 20. Findet der Baumeister keinen geeigneten Priester, Wächter und Pförtner, so sollen*

Ruine der Belagerungsburg Trutz-Eltz aus dem frühen 14. Jahrhundert

die andern Gemeiner ihm hierzu verhelfen. 21. Der Baumeister soll alle Jahre am Schlosse bauen, und wo es Noth ist, dasselbe befestigen, dazu gibt jeder Gemeiner jährlich zwei Kaufmannsgulden zum Bau- und Wachtgeld. 22. Dieses Geld soll jeder Gemeiner dem Baumeister auf dessen Mahnung und ohne Verzug einen Monat nach der Mahnung geben, bleibt er dasselbe schuldig, so soll der Säumige nach Münstermaifeld in eine offene Herberge einreiten und soll nicht eher wieder in das Schloss und den Burgfrieden gelangen, bis er das Geld bezahlt hat. 23. Eines jeden Baumeisters Jahr beginnt und endet auf Weihnachten, der abgehende Baumeister soll seinem Nachfolger Rechnung ablegen, auch soll immer ein Gemeiner zu Eltz Baumeister sein«.

Schließlich werden auch der Schwur auf den Burgfriedensbrief, die Möglichkeit zukünftiger Briefe und die Aufnahme in den Burgfrieden geregelt: »24. Alle Burgmannen, die jetzt oder hernach zu Eltz sind, Gemeiner oder nicht, sollen diesen Burgfrieden für sich und ihre Erben

beschwören, denselben fest und stet zu halten, dafür aber im Genusse der Burg ungestört bleiben. 25. Alle Verbindnisbriefe oder andere Briefe mit dem Stifte Trier oder unter sich werden bestätigt. 26. Ein neuer Burgfriedensbrief soll nur mit Wissen und Willen aller Gemeiner zu Eltz gemacht werden. 27. Keiner soll künftig in die Gemeinschaft aufgenommen werden, er habe denn diesen Burgfrieden gelobt und beschworen und einen versiegelten Brief, der dem Burgfriedensbrief beigelegt werden soll, darüber gegeben. 28. Keinem, der in die Gemeinschaft aufgenommen werden will und dazu geboren ist, kann die Aufnahme verweigert werden, wenn derselbe nach dem Burgfriedensbriefe handeln will«.

Die im Burgfriedensbrief überlieferten Regeln vermitteln einen Eindruck davon, dass es in der Burggemeinschaft nicht immer friedlich zugegangen sein kann. Bedrohlicher war allerdings ein anderer Konflikt, der im frühen 14. Jahrhundert in einer Belagerung der Burg gipfelte.

Die Eltzer Fehde

Eines der dramatischsten Ereignisse in der Geschichte der Burg war die so genannte Eltzer Fehde, in der sich die Eltzer und die Bewohner einiger Nachbarburgen mit dem mächtigen Trierer Erzbischof und Kurfürsten Balduin von Luxemburg konfrontiert sahen. Er war damals gerade dabei, sein Territorium in die Richtung von Koblenz hin zu erweitern und seine Herrschaft abzusichern. Der Kern der Auseinandersetzungen mit Balduin war – und dieser Konflikt war typisch für die damalige Zeit – die Frage nach dem genauen Status der Ritter von Eltz und ihrer Standesgenossen auf anderen Burgen. Sie selbst betrachteten sich als freie Reichsritter, die Bündnisse schließen und Fehden führen durften und nur dem Kaiser selbst Untertan waren. Der Kurfürst von Trier hingegen wollte sie als seine Lehensleute sehen, die ihm Gehorsam schuldeten und keinerlei Recht hatten, private Fehden zu führen. Als sich Burg Eltz am 15. Juni 1331 mit den Burgen Waldeck, Schöneck und Ehrenburg – alle drei im Hunsrück – zu einem Schutzbündnis zusammenschloss, da sah der Kurfürst darin eine Provokation und auch eine Gefährdung des Landfriedens, und er beschloss daher, gewaltsam gegen die aufmüpfigen Ritter vorzugehen.

Als treibende Kraft des Ritterbündnisses galt Johann von Eltz. Daher sollte an Burg Eltz ein Exempel statuiert und so das Bündnis zerschlagen werden. Balduin von Luxemburg scheute keinen Aufwand und ließ extra zu diesem Zweck auf einem Felskopf in Sichtweite der Burg eine Belagerungsburg errichten, die Trutz- oder Balden-Eltz genannt wurde. Dies war nicht nur eine eindringliche Demonstration seiner Macht, von dort aus wurde auch versucht, den Eltzern ihre Versorgungswege ins Maifeld abzuschneiden. Wie lange diese Phase des Konfliktes dauerte und wie konsequent die Belagerung durchgeführt wurde, ist nicht ganz klar. Da aber in Burg Eltz mehrere schwere Steinkugeln erhalten geblieben sind, die man bei mittelalterlichen Belagerungen mit Katapulten gegen Mauern und Befesti-gungen schleuderte, kann man davon ausgehen, dass es zumindest zeitweise zu schweren Kämpfen kam. Ob die Burg dabei gestürmt und eingenommen oder vielleicht ausgehungert wurde, ist nicht überliefert.

Jedenfalls baten die Ritter von Eltz 1333 um Frieden. Nachdem das Bündnis mit den anderen drei Burgen aufgelöst worden war und man auf das Recht auf Fehde verzichtet hatte, wurde am 24. Juni 1337 ein Friedensvertrag geschlossen. Balduin von Luxemburg hatte sich auf ganzer Linie durchgesetzt: Aus den Eltzern wurden Lehensleute des Kurfürsten von Trier, denen in Zukunft die Burg Eltz als Lehen übertragen wurde.

Bei einem Besuch der Burg Eltz kann man – neben den schweren Steinkugeln im unteren Teil des Innenhofs und in den Befestigungs-anlagen unterhalb der Platt-Eltz – vor allem eine Spur der Belagerung erkennen, nämlich die Trutz- oder Balden-Eltz, die zumindest als Ruine erhalten geblieben ist. Sie bestand einmal aus einem rechteckigen, zweigeschossigen Wohnturm mit Wehrgang und einem Doppeltor mit einem spitzbogigen Eingang. Die Reste des Natursteingebäudes kann man, wenn man von der Antoniuskapelle aus zur Burg Eltz läuft, am besten vom ersten Aussichtspunkt aus sehen (Abb. S. 15).

Steinkugeln aus der Zeit der Eltzer Fehde

Im Burgfrieden

Die Ereignisse der Eltzer Fehde haben außerdem das Buch *Im Burgfrieden* inspiriert, den einzigen Roman über die Geschichte von Burg Eltz. Die Schriftstellerin Anna von Bonin, die um die Wende vom 19. zum 20. Jahrhundert unter dem Pseudonym Hans Werder dreizehn größtenteils historische Romane veröffentlichte, schmückt darin die wenigen bekannten Daten und Fakten über den Konflikt zwischen dem Kurfürsten Balduin von Luxemburg und den Eltzer Rittern mit viel Fantasie aus. Den Beginn der Belagerung beschreibt sie folgendermaßen: »*Vor den Toren jener vier Burgen, die dem Erzbischof zum Trutz ihr Bündnis geschlossen und seines Forderns und Dräuens ungeachtet nicht wieder auflösen wollten, erschienen die Boten des erzürnten Kirchenfürsten, um ihnen Fehde anzusagen. Endlich! Des Zweifelns und Zögerns war nun ein Ende und die kampfesmutigen Ritter griffen zu den Waffen. Der Krieg brach los. In derselben Nacht noch wurde die im Bau begriffene Trutzfeste auf dem Maifelder Hügel im Sturm angegriffen. Doch dieser mißlang. Denn die bischöfliche Macht hatte in weiser Vorsicht hier, Eltz gegenüber, stark gedeckte Stellung genommen. Drohend schob sich dieser befestigte Hügel tief in das Eltzer Gebiet hinein, ein Vorposten der bischöflichen Macht und ein Brennpunkt des Kampfes, gefährdet und gefährlich zugleich. Es blieb den Eltzern einstweilen nur übrig, die Verbindung nach Moselkern und Koblenz offen zu halten, desgleichen mit den verbündeten Burgen, und die wichtigsten auswärtigen Plätze gut zu besetzen, bis man zu erneutem Angriff schreiten konnte*«.

Auch dramatische Belagerungs- und Angriffszenen fehlen in dem Roman nicht: »*Die kleine Hochfeste Trutzeltz gab den Rückhalt für alle Angriffe, deren Beginn sich durch emsiges Treiben im erzbischöflichen Lager bemerkbar machte. Bald flogen von einer der Höhen herab aus unmittelbarer Nähe die schweren Blidengeschosse und rasselten gegen die stolze Burg, so daß ihre Mauern in den Grundfesten erdröhnten. Ja, der Burgfelsen selbst schien zu wanken, trafen ihn solch zentnerschwere Steingeschosse mit ganzer wohlgezielter Wucht. Doch nein, die Mauern standen und zeig-*

Der Roman »Im Burgfrieden« handelt auf Burg Eltz.

ten nicht eine einzige Bresche. Und der Burgfelsen stand, als habe ihn ein Spielball gestreift, und hielt auf seinem Haupte die herrliche Burg, unbezwingbar, unantastbar«.

Die Charaktere, die die Handlung des Romans bestimmen, sind eine Mischung aus wirklichen und fiktiven Personen. Neben Johann von Eltz – dem historisch belegten Kopf des Bündnisses – tritt im Roman u. a. auch ein gewisser Werner von Eltz als Verteidiger der Burg auf: »»*Wißt Ihr Ohm Johann*‹, sagte Werner, neben diesem aus dem Wachtturmfenster zu den feindlichen Höhen hinaufblickend, ›*diese Dreistigkeit – Burg Eltz mit Bliden zu bewerfen, vergesse ich dem Erzbischof in meinem Leben nicht. Er wird das bald erkennen, wie vergeblich die Mühe ist. Aber daß er es gewagt, uns solches zu bieten – Herrgott wäre ich erst so weit, ihn dafür büßen zu lassen!*‹ ›*Gedulde Dich noch ein wenig mein Werner*,‹ erwiderte Ohm Johann. ›*Laß nur den Winter zu Ende gehen, dann werden wir Herrn Balduin … seine Steinschleuderei mit Zin-*

Die Trutz-Eltz wurde im frühen 14. Jahrhundert auf einem Hügel gegenüber von Burg Eltz errichtet.

sen zurückzahlen. Ich zweifle nicht daran. Er wird Eltz und seine Verbündeten kennenlernen!‹«.

Die Belagerung zieht sich im Roman in die Länge: »Tage und Wochen zogen hin über Burg Eltz in winterlicher Einförmigkeit. Die Feinde hielten sie umschlossen, von der Außenwelt abgesperrt, Angriff und Beschießung aber wiederholten sich nicht. Es herrschte unausgesprochen Waffenruhe, und nur die scharfe Wachsamkeit der Burgbesatzung bei Tag und Nacht gemahnte daran, daß Kriegszeiten waren. In den langen dunklen Abenden gesellten sich die Burgbewohner aus all den verschiedenen Ritterhäusern zueinander, um bei wärmendem Herdfeuer und freundlichem Licht mit gutem Wort und Wechselrede sich die Zeit behaglich zu kürzen, die Männer beim Humpen, die Frauen am Spinnrade. Oft war es Herrn Johanns gastlicher Tisch in der hohen Halle der Platteltz, wo sie sich zusammenfanden«.

Nach einem zweiten erfolglosen Angriff ändert der Trierer Kurfürst seine Taktik: »Der Sturm auf die stolze Edelfeste wurde nicht wiederholt. Die Uneinnehmbarkeit erwies sich zu deutlich, der Verlust der Belagerer zu unverhältnismäßig groß, ohne den gewünschten Erfolg. Erz-

bischof Balduin war ein kriegskundiger Herr. Auf seinen Zügen in Italien mit Kaiser Heinrich, seinem Bruder, hatte er Erfahrungen gesammelt. Die verwertete er nun. Keine vergebliche Wiederholung des Sturms – dauerndes Einschließen – Aushungern – das sollte sein Kriegsplan bleiben«.

Im Anschluss an einen erfolgreichen Ausfall kommt es in der Romanversion der Ereignisse dann in der Nähe der Burg Pyrmont zu einer offenen Schlacht zwischen den Eltzer Rittern und dem Heer des Kurfürsten: »Als der lange Sommertag zu rüste ging, die Sonne blutrot hinter den Bergen versank, da endlich war der Widerstand der bischöflichen Macht gebrochen. Der letzte Angriff war zurückgeschlagen und das Feindesheer löste sich auf in wilder Flucht«. So werden der Friedensschluss und das Ende der Belagerung zu einer Niederlage Balduins und einem Sieg der Eltzer uminterpretiert.

Im Burgfrieden endet dementsprechend harmonisch mit mehrtägigen Feierlichkeiten auf Burg Eltz, zu denen eine Doppelhochzeit in der Burgkapelle und die Weihe eines neuen Altars gehören: »Der Burghof prangte von Laubgewinden und bunten Fähnchen. Pechpfannen stan-

den an den Eingängen und Winkeln, um, zur Abendzeit angezündet, mit leuchtender Glut den stattlichen Raum zu erhellen. Bei dem Goldschmiedehäuschen im Vorhof harrten die Spielleute, Pfeifer und Bläser … Das Glöcklein der Burgkapelle läutete am andern Tag gar feierlich, und herbei strömte die andächtige Schar in festlichem Gepränge. Rosen- und Lilienduft erfüllte den geheiligten Raum, glühendfarbiges Licht flutete herein durch die gemalten Fenster. Herr Arnold zu Eltz, der Bischof von Kamin, weihte den neuen Altar mit den heiligen Reliquien, den Friedensgaben des Erzbischofs. … Die Glocke läutete und lobte Gott den Herrn mit inbrünstigem Schall. Die Feier war zu Ende. Und geendet war die Eltzer Fehde, dieser große Abschnitt in der Geschichte der Burg und ihrer stolzen Herren. Sieg und Friede woben ihre strahlenden Kränze um die ehrwürdigen Mauern und breiteten über sie einen Glanz von Glück und von Größe, unverwelklich bis auf den heutigen Tag«.

Der Ausbau der Burg

Etwa ein Jahrhundert nach der Eltzer Fehde begann auf Burg Eltz eine lange Phase intensiver Bauarbeiten. Im Laufe der nächsten Jahrhunderte errichteten sich die drei Hauptlinien eigene, separate Wohnhäuser: Die Linie Eltz vom silbernen Löwen machte mit dem Rübenacher Haus den Anfang, es folgte die Linie mit den Büffelhörnern mit den Rodendorfer Häusern und schließlich die Linie vom goldenen Löwen mit den Kempenicher Häusern.

Zunächst wurde unter der Leitung von Lanzelot und Wilhelm vom silbernen Löwen das so genannte Rübenacher Haus an der Westseite des Innenhofs gebaut. Der Name des Gebäudes geht auf Besitzungen in Rübenach bei Koblenz zurück, die die Linie Eltz vom silbernen Löwen dort bereits im frühen 13. Jahrhundert erworben hatten. Wann genau der Grundstein zum Rübenacher Haus gelegt wurde, ist nicht bekannt, nur die Fertigstellung im Jahr 1472 ist dokumentiert. Der spätgotische Bau hat acht Geschosse und einen rechteckigen Grundriss. Seine Fassade fällt auf, weil sie nur im obersten Bereich glatt verputzt und weiß gestrichen ist. Das oberste Stockwerk ragt über einer Linie von kleinen Rundbögen etwas nach außen hervor und ist dadurch breiter als der untere Teil des Gebäudes. Es hat an seinen Ecken kleine Türmchen unterschiedlicher Form: Zum Tal hin sind sie rund und verputzt, zum Innenhof sind es eckige Fachwerkerker. Das steile Dach wird außerdem in der Mitte durch verschieferte große Dachgaupen geteilt. Wenn man das

Außenfassade des Rübenacher Hauses

Blick auf den Kapellenerker am Rübenacher Haus

Fachwerkerker an der Außenfassade des Groß-Rodendorfer Hauses

Rübenacher Haus aus dem Elztal betrachtet, kann man an der Außenseite einen kleinen, aus rot-weißem Fachwerk konstruierten Toilettenerker erkennen. Die zum Innenhof gerichtete Wand des Hauses wird von zwei Anbauten dominiert. Über der rundbogigen Eingangstür sieht man einen eckigen, weißen Erker mit einem dreigeteilten Fenster, der auf zwei runden Basaltsäulen ruht. Außerdem fällt sofort der spätgotische Kapellenerker im ersten Obergeschoss des Gebäudes auf, der mit Konsolen, schmalen, spitzen Fenstern und mit kunstvollem Maßwerk verziert ist.

Das Rübenacher Haus war noch nicht ganz fertig gestellt, als 1470 bereits mit dem Bau der Rodendorfer Häuser an der Nordostseite des Hofs begonnen wurde. Auch dieser Name geht auf auswärtige Besitzungen der Familie Eltz zurück, in diesem Fall auf die Herrschaft Rodendorf in Lothringen. Der erste Gebäudeteil, das von Philipp zu Eltz erbaute, so genannte Groß-Rodendorfer Haus, ist mit seinen zehn Geschossen und einer Höhe von über vierzig Metern der mächtigste Bau der gesamten Burganlage. Seine Außenfassade ist etwas dunkler als die des Rübenacher Hauses. Wenn man Burg Eltz aus der Richtung des

Haupttores betrachtet, hat man einen guten Blick auf die Dreierreihe rot-weißer Fachwerkerker, die den oberen Abschluss der Fassade des Groß-Rodendorfer Hauses bilden. Vier Etagen tiefer sieht man einen weiteren Erker, der weiß verputzt ist und mit drei von Tuffstein umgebenen Fenstern den unteren Teil der Außenwand dominiert. Auch die Hauswand zum Innenhof wird von einem rotweißen Fachwerkerker gekrönt. Der Eingang des Hauses befindet sich unter einem hellen, auf drei Pfeilern ruhenden Renaissancevorbau mit schlichten, eckigen Fenstern und einem steilen Dach. Das kleine Madonnenmosaik, das man links neben diesem Vorbau erkennen kann, stammt aus dem 19. Jahrhundert.

Nach der Fertigstellung des Groß-Rodendorfer Hauses wurde um die Mitte des 16. Jahrhunderts das so genannte Klein-Rodendorfer Haus errichtet, das sich direkt südlich an das größere Gebäude anschließt. Das Klein-Rodendorfer Haus ist das schlichteste Gebäude der Burganlage. Der vierstöckige Bau hat eine verputzte, schmucklose Fassade ohne Vorbauten, und auch das steile Schieferdach wird weder zum Innenhof hin noch nach außen von Erkern verziert. Das Haus besitzt keinen eigenen Eingang und kann nur durch die benachbarten Gebäude erreicht werden.

Die Bauarbeiten an den Rodendorfer Häusern waren kaum abgeschlossen, als man mit der Errichtung der Kempenicher Häuser begann. Wie im Fall der Rübenacher und Rodendorfer Häuser bezieht sich der Name des Gebäudes auf Besitzungen der Familie, in diesem Fall die Herrschaft Kempenich im Kreis Adenau. Der neueste Teil der Burganlage wurde wiederum in mehreren Etappen errichtet – manchmal werden nach den verschiedenen Bauphasen auch die Teile Groß-Kempenich, Klein-Kempenich und Burgthorn unterschieden. Der verwinkelte Bau kann allerdings nur durch einen einzigen Eingang erreicht werden, nämlich durch die auf der linken Seite des oberen Innenhofs zu sehende Tür, an der man heutzutage klingelt, um sich zu einer

Dachlandschaft

Eingang des Kempenicher Hauses

Burgführung anzumelden. Sie wird durch eine schmale Torhalle unter einem weiß verputzen, kleinen Erker geschützt, der auf Basaltpfeilern ruht. Auf den Rundbögen, die diese achteckigen Pfeiler miteinander verbinden, kann man die Namen *Borgtorn-Eltz* und *Eltz-Mercy* und die Jahreszahl *1604* lesen, die an den Baubeginn des letzten Gebäudeteils erinnert. Die Jahreszahl *1651* hingegen, die man auf einem der Schlusssteine des kleinen Gewölbes in der Torhalle sehen kann, bezieht sich auf die endgültige Fertigstellung der Kempenicher Häuser unter Johann Jakob zu Eltz. Die Fassade des Hauses wird zur Hofseite von einem mächtigen, verputzten Treppenturm beherrscht, an den sich im oberen Gebäudeteil schwarzweißes Fachwerk anschließt. Die Außenwand zum Tal ist äußerst schlicht und wird nur durch zwei rot-weiße Fachwerkerker aufgelockert.

Das Jahr 1651 markiert mit der Fertigstellung der Kempenicher Häuser auch die Vollendung der gesamten Burganlage in ihrer heutigen Form. In einer Bauzeit von über fünf Jahrhunderten entstand um den Innenhof herum ein malerischer Gebäudekomplex aus eng aneinander geschmiegten hohen Wohntürmen. Obwohl in den verschiedenen Gebäudeteilen – von der Romanik bis zum Barock – die unterschiedlichsten architektonischen Stilrichtungen vertreten sind, fügt sich die gesamte Anlage zu einem nicht nur abwechslungsreichen, sondern zugleich auch äußerst harmonischen Ganzen zusammen.

Der verwinkelte Bau wirkt auf viele wie ein verwunschenes Märchenschloss, wie eine Burg aus dem Bilderbuch. *»Das Gewirr und Gezipfel ihrer steilen Dächer und Erker läßt uns im Original anschauen, was wir sonst nur in Bruchstücken oder aus alten Bildern und Kupfern kennen«*, charakterisierte etwa der Kunsthistoriker Georg Dehio in seinem klassischen *Handbuch der deutschen Kunstdenkmäler* die Burg Eltz, *»durch die Einsamkeit und Schönheit der Lage der Phantasie wunderbar entgegenkommend ist Burg Eltz für den unmittelbaren Eindruck die Burg schlechthin«*.

Familiengeschichte

Der Einfluss der Familie Eltz ging über die unmittelbare Umgebung der Burg weit hinaus, wie u.a. die Eltzer Höfe in Koblenz, Boppard, Trier, Mainz und Eltville belegen. Zahlreiche Familienmitglieder taten sich im Laufe der Jahrhunderte in Kirche, Militär und Politik hervor. Bereits um 1300 stellte die Familie mit Arnold zu Eltz, dem Bischof von Kamin in Pommern, einen wichtigen Kirchenfürsten.

Zentren des Wirkens der Familie Eltz waren allerdings besonders die beiden Kurfürstentümer Trier und Mainz. Zwei Jahrhunderte

nachdem sich die Eltzer Ritter mit Kurfürst Balduin von Trier in der Eltzer Fehde bekriegt hatten, wurde mit Jakob III. ein Mitglied der Familie Eltz zum Erzbischof und Kurfürsten von Trier. Jakob wurde 1510 als Sohn des Johann zu Eltz und seiner Frau Maria von Breitbach auf Burg Eltz geboren. Er studierte in Heidelberg, Löwen und Freiburg Rechtswissenschaft und Theologie, bevor er 1535 Domkapitular in Trier wurde – d.h. Mitglied der Körperschaft der Geistlichen des Doms – und damit eine lange kirchliche Laufbahn begann. 1547 wurde Jakob Domdechant, ein Amt, in dem er eine wichtige Rolle in der Verwaltung des Kurstaates Trier spielte. Nachdem er 1550 zum Priester geweiht worden war, profilierte er sich wenige Jahre später auf dem Reichstag in Regensburg und beim Wormser Religionsgespräch als entschlossener Gegner der Reformation. Als sich in den 1550er Jahren in Trier erste Reformationsbestrebungen regten, war Jakob maßgeblich an deren Bekämpfung beteiligt – nicht umsonst wurde er von einem späteren Kirchenhistoriker als der »verkörperte Geist der Gegenreformation« charakterisiert. Auch als Rektor der Universität Trier engagierte sich Jakob für die katholische Sache und

Jakob III. zu Eltz, Kurfürst und Erzbischof von Trier von 1567 bis 1581

Philipp Karl zu Eltz, Kurfürst und Erzbischof von Mainz von 1732 bis 1743

Dieser Kupferstich zeigt die Unterzeichnung des Westfälischen Friedens, an der Hugo Friedrich zu Eltz als Gesandter des Trierer Kurfürsten teilnahm.

begann mit dem Jesuitenorden zusammenzuarbeiten. Als er schließlich 1567 zum Kurfürst gewählt wurde, blieb er seinen Grundsätzen treu und machte es sich zur Lebensaufgabe, die Beibehaltung des Katholizismus im Kurstaat Trier durchzusetzen. Dies war nicht immer ganz einfach, da Lutheraner und Calvinisten zunächst an Einfluss gewannen. Jakob musste sogar eine Zeit lang den Kurstaat aus der Nähe von Wittlich regieren und sich die Rückkehr nach Trier in zähen Verhandlungen und schließlich sogar mit Waffengewalt erzwingen. Nach seiner Rückkehr nach Trier schwor ihm die Stadt am 27. Mai 1580 Treue und Gehorsam. Nur ein Jahr nach diesem Erfolg starb Jakob im Alter von 71 Jahren und wurde im Trierer Dom beigesetzt.

Eine wichtige Rolle in der Geschichte des Kurstaates Trier spielte auch Johann Jakob zu Eltz – derselbe, der maßgeblich am Bau der Kempenicher Häuser beteiligt war. Er erhielt 1624 vom Trierer Kurfürsten das Erbmarschallamt und führte damit den Oberbefehl im Krieg. Kurz nach dem Tod Johann Jakobs, der aus der Linie Eltz vom goldenen Löwen stammte, tat sich in der Trierer Politik ein anderer Elzer hervor: Hugo Friedrich aus der Linie Eltz zu Blieskastel und Rodendorf war Trierer Gesandter auf dem Westfälischen Friedenskongress in Münster am Ende des Dreißigjährigen Krieges.

Im 17. Jahrhundert, als in mehreren großen Kriegen zahllose deutsche Städte und Burgen zerstört wurden, zeigten sich die Eltzer als geschickte Diplomaten. Dass Burg Eltz etwa im Dreißigjährigen Krieg nicht in Mitleidenschaft gezogen wurde, war vor allem der Politik der Linie Eltz-Blieskastel-Braunschweig zu verdanken, der einzigen protestantischen Linie der Familie Eltz. Äußerst erfolgreich waren auch die diplomatischen Bemühungen des Hans Anton von Eltz-Üttingen. Während des Pfälzischen Erbfolgekrieges von 1688 bis 1689, als fast alle Burgen an Rhein und Mosel von den Franzosen in Schutt und Asche gelegt wurden, gelang es ihm – als französischem Offizier –, Burg Eltz vor einem ähnlichen Schicksal zu bewahren.

Nachdem die Familie Eltz im 16. Jahrhundert bereits einen einflussreichen Trierer Erzbischof und Kurfürsten gestellt hatte, wurde im 18. Jahrhundert ein Eltzer Erzbischof und Kurfürst von Mainz. Philipp Karl wurde als Sohn des Johann Jakob zu Eltz-Kempenich und der Maria Antonetta Schenkin von Schmittburg am 26. Oktober 1665 geboren. Er war das zweite von insgesamt 17 Kindern des Paares. Vielleicht war es ja ein Omen, dass zu seinen Taufpaten Johann Philipp von Schönborn – der damalige Kurfürst von Mainz – und Karl Kaspar von der Leyen – der damalige Kurfürst von Trier – zählten, zumindest zeigt es die hervorragenden Verbindungen seiner Familie. Mit zehn Jahren wurde Philipp Karl zu den Jesuiten in Koblenz in die Schule geschickt. 1686 trat er in das deutsch-ungarische Kolleg in Rom ein, um es zwei Jahre danach mit den niederen Weihen zu verlassen. Seine kirchliche Laufbahn hatte die üblichen Stationen: Er war zunächst Domherr in Mainz und Trier, dann Domkantor in Mainz und Dompropst in Trier. Philipp Karl nahm aber auch politische Aufgaben wahr. Bei der Wahl Georg von Schönborns zum Kurfürsten von Trier vertrat er zum Beispiel die kaiserlichen Interessen Karls VI.

Nach dem Tod des Kurfürsten von Mainz, Franz Ludwig von Pfalz-Neuburg, wurde Philipp Karl dann 1732 vom Mainzer Domkapitel einstimmig zum Nachfolger gewählt. Als ihm Mitglieder des Domkapitels im Vorfeld der Wahl ihre Absichten ankündigten, soll Philipp Karl zunächst sehr zögerlich reagiert haben, vor allem, da er zu diesem Zeitpunkt schon 66 Jahre alt war und mit einer derart verantwortungsvollen neuen Aufgabe nicht gerechnet

hatte. Doch er gab dem Drängen des Domkapitels nach, nahm die Wahl an und wurde am 18. November im Mainzer Dom von Kurfürst Franz Georg von Trier geweiht. Als Erzbischof und Kurfürst von Mainz war Philipp Karl Reichserzkanzler und zugleich der mächtigste Kirchenfürst nördlich der Alpen. Er stand damit im Rang gleich nach dem Papst. Seine Wahl wurde am Wiener Hof sehr positiv aufgenommen und das Verhältnis zu Kaiser Karl VI. sollte auch in den folgenden Jahren sehr gut bleiben.

Ein Jahr nach der Wahl Philipp Karls verlieh Karl VI. der Familie Eltz vom goldenen Löwen den Grafentitel. Als Gründe für diese Ehre wurden die Verdienste der Familie in den Reformationswirren und in den Türkenkriegen angeführt, sicher spielten dabei aber auch die Leistungen Philipp Karls eine Rolle, besonders seine Bemühungen während des polnischen Thronfolgekriegs, eines Machtkampfes zwischen den Häusern Habsburg und Bourbon, in dem Philipp Karl die Habsburger Seite unterstützte. Mit der Reichsgrafenwürde erhielt die Linie Eltz vom goldenen Löwen das Recht, in des Kaisers Namen zu adeln, Notare, Schreiber und Richter zu ernennen, Leibeigene zu entlassen, uneheliche Kinder zu legitimieren und bürgerliche Wappen mit Schild und Helmzier zu erteilen.

Außerdem bedankte sich Kaiser Karl VI. bei Philipp Karl durch die Vermittlung der Herrschaft Vukovar im kroatischen Slavonien. Dieser riesige Grundbesitz in der Nähe von Belgrad hatte zuvor dem Grafen Kuffstein gehört, der ihn nun, der Bitte des Kaisers folgend, für 175 000 Rheinische Gulden an Philipp Karl zu Eltz verkaufte. Einige Generationen später verlegte die Linie Eltz-Kempenich sogar ihren Hauptwohnsitz nach Vukovar und lebte dort bis zur gewaltsamen Vertreibung im Jahr 1944.

Als es nach dem Tod des Kaisers zu Streitigkeiten über seine Nachfolge kam, musste Philipp Karl eine der schwersten Entscheidungen seines Lebens treffen. Obwohl seine Sympathien dem Haus Habsburg galten und er bei der Kaiserwahl 1742 sicher gerne für die Tochter Karls VI., Maria Theresia, gestimmt

Die Ahnentafel in der Schatzkammer wurde um 1663 im Auftrag des Johann Jakob zu Eltz-Kempenich in Öl gemalt.

hätte, zwangen ihn die politischen Umstände – die Interessen des Kurstaates Mainz und der massive Druck Bayerns –, sich dennoch für den Wittelsbacher Karl Albrecht zu entscheiden. Zum Zeitpunkt der Kaiserwahl in Frankfurt hielt sich Karl Albrecht, der spätere Kaiser Karl VII., in Mannheim auf, wo er die Nachricht seiner Wahl empfing. Der Überbringer der wichtigen Botschaft war Anselm Casimir zu Eltz, der Neffe Philipp Karls.

Im Jahr nach der Kaiserwahl starb Philipp Karl im Alter von 78 Jahren. Schon vor seinem Tod hatte er aus rotem und schwarzen Marmor sein Grabmal anfertigen lassen, das man immer noch im Mainzer Dom besichtigen kann. Zu seinem Erben hatte er seinen Neffen Anselm Casimir gemacht; nur einen Teil seiner umfangreichen Bibliothek hinterließ er der Universität in Mainz.

Anselm Casimir zu Eltz-Kempenich war 1709 in Koblenz auf die Welt gekommen – ein Hinweis darauf, dass sich zu diesem Zeitpunkt der Hauptwohnsitz der Familie nicht mehr auf Burg Eltz befand. Er heiratete 1738 Anna Johanna Eva Josepha Freiin Faust von Stromberg, bei der es sich um das letzte Mitglied der Familie Faust von Stromberg handelte. Um den Namen ihrer Familie zu erhalten, nahm Anselm Casimir den Titel »genannt Faust von Stromberg« in den Namen der Familie Eltz-Kempenich auf. Diese Tradition hat sich bis in die Gegenwart erhalten.

Auch Anselm Casimirs Sohn Hugo Philipp zu Eltz-Kempenich, der 1742 in Mainz geboren worden war, hatte einen äußerst interessanten Lebensweg. Er war das erste Mitglied der Familie Eltz, das persönlich nach Vukovar reiste, um dort die Ländereien kennen zu lernen, die seit ihrem Kauf durch den Kurfürsten Philipp Karl der bedeutendste Besitz der Familie waren. Zu Hugo Philipps Lebzeiten wurde im Zuge der napoleonischen Kriege das

Rheinland von Franzosen besetzt. Da die französischen Behörden davon ausgingen, dass er wie viele andere Adlige geflüchtet sei, wurden seine Güter – darunter auch Burg Eltz – eingezogen und der Kommandantur in Koblenz unterstellt. Einige Eltzer Besitzungen an der Mosel litten in diesen Jahren sehr unter der französischen Besatzung, und der Verwalter der Burg Eltz und der umliegenden Wälder musste Holz in französische Lager liefern, die Burg selbst kam aber nicht zu Schaden. Als sich 1797 herausstellte, dass Hugo Philipp nicht emigriert, sondern in Mainz geblieben war, erhielt er seine Güter zurück.

Obwohl er seinen Wohnsitz in Mainz hatte, war Hugo Philipps Bindung an den Stammsitz seiner Familie sehr eng. 1815 gelang es ihm, den Anteil der Eltz-Rübenacher Linie zu kaufen. Neben dem Rübenacher Haus und einigen Ländereien befand sich zu diesem Zeitpunkt auch die Platt-Eltz in Eltz-Rübenacher Besitz. Hugo Philipp bezahlte damals für diese beiden Gebäude 3000 Gulden. Das Eltz-Rodendorfer Haus war bereits nach dem Aussterben der gleichnamigen Linie an die Eltz-Kempenicher gefallen, und auch die Linie Eltz-Rübenach lebte schon seit einiger Zeit nicht mehr auf der Burg. Mit dem Kauf im Jahr 1815 war Hugo Philipp jetzt aber ganz offiziell der alleinige Besitzer von Burg Eltz. Er starb 1818 in Koblenz und wurde – seinen Wünschen entsprechend – in der Familiengruft unter der Burgkapelle auf Burg Eltz beigesetzt.

Hugo Philipps ältester Sohn Emmerich Josef, der 1765 in Mainz geboren worden war, verlegte dann als erstes Mitglied der Familie Eltz seinen Hauptwohnsitz nach Vukovar. Viel Zeit kann er dort allerdings nicht verbracht haben. Als kaiserlicher Botschafter war er in vielen Ländern unterwegs, hielt sich u. a. lange am spanischen Hof auf und lebte später lange Zeit in Brasilien, nachdem er die österreichische Prinzessin Leopoldine zur Vermählung mit dem Kronprinzen von Portugal und Brasilien im Auftrag des Kaisers dorthin begleitet hatte. Emmerich Josef und seine Frau Marie Henriette waren die ersten Familienmitglieder, die nach ihrem Tod in der Familiengruft in Vukovar beigesetzt wurden.

Da Emmerich Josefs Söhne beide jung starben, fiel sein Besitz nach deren Tod an seinen Bruder Jakob. *»Auf der Stammburg Eltz weilte Graf Jakob oft und gerne«*, schreibt der Historiker des Hauses Eltz Friedrich Wilhelm Roth über ihn, *»wie er sich auch die bauliche Verbesserung der Gebäude angelegen sein liess. Im Jahre 1838 wurden 461 Thaler 11 Silbergroschen 6 Pfennig, im Jahre 1839 wiederum 427 Thaler 21 Silbergroschen 11 Pfennig in Eltz verbaut«.*

Restaurierung und Romantik

Der gute Zustand, in dem sich Burg Eltz immer noch befindet, ist aber ganz besonders Jakobs Sohn Karl zu Eltz zu verdanken, dem Ururgroßvater des heutigen Besitzers. Er erbte die Burg 1844 und bemühte sich im Laufe der folgenden Jahrzehnte intensiv um ihre Erhaltung und Restaurierung: *»Graf Karl nahm sich der Stammburg Eltz mit Vorliebe an«*, berichtet Friedrich Wilhelm Roth, *»liess dieselbe namentlich in den Theilen Plattel tz und Rübenacher Haus sowie dem Kapellenbau neu herstellen und alle Theile im Innern neu herrichten und ausstatten. Die Burg war zwar stets von Beamten bewohnt und deshalb in Dach und Fach erhalten worden, die von der Linie Eltz-Rübenach erkauften Antheile entbehrten aber theilweise guter wetterabhaltender Dächer ... Im Jahr 1845 begann die Restaurierung unter strengster Wahrung der alten Details«.* Der letzte Teilsatz ist äußerst vielsagend, denn er macht deutlich, dass auf Burg Eltz nicht, wie es ansonsten im 19. Jahrhundert häufig vorkam, fantasievoll und nur in vager Anlehnung an das Mittelalter erneuert wurde, sondern dass vielmehr die Bewahrung der vorhandenen Bausubstanz im Vordergrund stand. Die Restaurierungsarbeiten dauerten bis 1888 und verschlangen die für die damalige Zeit enorme Summe von 184000 Mark, die heute an die acht Millionen Euro entsprechen würde.

Mit der Restaurierung der Wandmalereien in den Innenräumen beauftragte Graf Karl da-

William Clarkson Stanfield, Burg Eltz, um 1830

mals den Maler Eduard Knackfuß, der in seinen Lebenserinnerungen seine besondere Verbindung zur Burg Eltz erklärt: »*Mein Vater hatte seit einiger Zeit das Amt des Oberrentmeisters bei dem Grafen Karl zu Eltz übernommen mit dem Verwaltungssitz auf der Burg Eltz. Dadurch wurde dieses Kleinod mittelalterlicher Romantik in meinen Ideenkreis hineingerückt, wo es fortan eine große Rolle spielen sollte. Ein Teil des umfassenden Baues mit seinen vielen Gemächern war zu der Zeit, weil unbenutzt, ganz verwahrlost und wäre dem Verfall entgegengegangen, wenn nicht Graf Karl den Entschluß gefaßt hätte, die Burg in allen ihren Teilen wiederherzustellen und in entsprechender Weise auszustatten. Soweit dekorative Malerei in Frage kam, ergab sich für mich dabei Gelegenheit zur Betätigung, da mein Vater nicht versäumte, mich dazu dem Herrn Grafen zu empfehlen*«. In den frühen 1880er Jahren hielt sich Knackfuß daher häufig auf Burg Eltz auf. Er überwachte die Restaurierung der bunten Wandmalereien im Schlafgemach des Rübenacher Hauses, gestaltete das kleine Schreibzimmer im selben Gebäude und malte auch die Familienwappen an den Wänden des Rittersaals im Groß-Rodendorfer Haus.

Da sich Karl Graf zu Eltz sehr für die Vergangenheit seiner Familie interessierte, gab er außerdem eine Familiengeschichte in Auftrag. Im Juli 1888 engagierte er den Wiesbadener Historiker Friedrich Wilhelm Roth, der in den folgenden Monaten in vielen Archiven, u.a. in Koblenz und Trier, forschte, die Unterlagen der Familie Eltz im Schloss Eltz in Eltville und auf Burg Eltz sichtete und sogar nach Vukovar reiste. Das Ergebnis dieser Arbeiten war die umfangreiche *Geschichte der Herren und Grafen zu Eltz*, die in zwei Bänden in Mainz erschien, der erste Band 1889, der zweite 1890. In diesem Werk hat Roth zahllose Fakten und Daten über alle bekannten Familienmitglieder seit Rudolf zusammengestellt. Es enthält auch Stammbäume, Porträts, zeitgenössische Fotos der Burg und Abbildungen von Grabsteinen wichtiger Familienmitglieder.

Im 19. Jahrhundert setzte auch die Entdeckung der Burg Eltz als Sehenswürdigkeit ein. Zu ihren prominenten Besuchern zählten etwa der Autor des *Struwwelpeter*, Heinrich Hoffmann, und der französische Schriftsteller Victor Hugo. Letzterer kam am 28. August 1863 mit zwei Freunden von Karden an der Mosel aus auf die Burg und hielt seine Eindrücke in stichwortartiger Form in seinem Tagebuch fest, das später unter dem Titel *Choses vue* veröffentlicht wurde: »*Einen Wagen gemietet, um nach Elz* [sic] *zu fahren. Um zwei Uhr zur Burg Elz losgefahren … An einem Bauernhof den Weg zu Fuß weitergegangen … Den Berg hinunter in einen tiefen Wald. Unser Preuße* [= der Kutscher] *läuft uns hinterher. Er zeigt uns den richtigen Weg. Ein verschlungener Pfad durch das Gehölz, schon von einer Schicht trockener Blätter bedeckt. Ein halbe Stunde Weg durch den Wald.*

Plötzlich ein Flüsschen, eine Brücke, die einem langen schmalen Karren mit seinen Rüstleitern von einem Ufer zum anderen ähnelt. Diese Brücke endet in einer hölzernen Treppe, deren sechs Stufen durch die Strömung des Wassers leicht durchnässt sind. Wir heben den Blick. Durch diese Lichtung, eine Art riesigem Fenster im Wald, erscheint die Burg. Hoch, mächtig, verblüffend, finster. So etwas habe ich noch nicht gesehen. Man könnte sie als eine Ansammlung hoher Giebelhäuser bezeichnen, stürmisch um einen Gipfel gruppiert. Kleine Glockentürmchen, offene Lauben, vergitterte Fenster, Laternen, Pechnasen, Wachtürme, Fensternischen mit Erkern. Steile Felsen. Hier und dort um den Felsen herum Gruppen von Türmen, die sich an die Burg schmiegen und den Aufgang verteidigen. Spitzbogige Tore in Abständen mit Fallgattern, abgenutzte, rutschige Basalttreppen. Wir steigen hoch.

Wir erreichen eine schmale Plattform mit Brüstung über dem Abgrund. Am Ende einiger zerbrochener Stufen ein Tor aus unbearbeiteter massiver Eiche mit einem Klopfer aus Eisen, groß wie der Klöppel einer Turmglocke. Unser Führer klopft. Als einzige Antwort wütendes Bellen. Die ganze Burg scheint sich zu ärgern und vor uns zu einer riesigen bellenden Dogge zu werden. Kein menschliches Geräusch. Wir klopfen. Der Hund bellt. Keiner da.

Charles und Busquet gehen auf Entdeckungstour. Ich bleibe alleine und zeichne einen Turm. Eine halbe Stunde geht vorbei. Ein Mann kommt mit einem Hund und einem Gewehr, dann eine

Die älteste Fotografie von Burg Eltz wurde 1866 von dem englischen Fotografen Joseph Cundall aufgenommen.

Frau. Der Mann betrachtet mich, der Hund beschnuppert mich, die Frau beobachtet mich, das Gewehr bleibt still. Alles ganz urtümlich. Ich mache mich durch Zeichen verständlich. Man geht die Schlüssel holen. Charles und Busquet kommen zurück. Der Mann geht fort. Die Frau öffnet das Tor. Wir treten ein.

Die Treppe geht weiter. Ein Art Gefängnisklappe. Wir kommen an einem zweiten Tor vorbei. Ein enger Hof erscheint. Außergewöhnlich. Türme und Giebel so weit das Auge reicht. Schwere des 12. Jahrhunderts, Feinheiten des 16. Fenster mit riesigen Eisenstäben, andere mit den feinen Beschlägen der Renaissance. Die Apsis einer gotischen Kapelle mit Glasmalerei. Am Ende ein baufälliger viereckiger Turm. Zwei Hunde an der Leine heulen sich gegenseitig an. An der Mauer gegenüber fünf oder sechs angenagelte Seeadler.

Das Innere: zuerst ein Saal aus der Epoche Ludwigs XIII. … Danach eine Reihe von gotischen Räumen, Himmelbetten, erlesene Wandteppiche, Spiegel, Stollenschränke, Waffen, ein Bett mit wundervollen Schnitzereien. Ein Leuchter aus einem großen, zehnhörnigen Hirschgeweih, aus dem eine goldene Meerjungfrau mit dem Wappen von Elz auf dem Bauch herauskommt. Ein Spiegel und eine Anrichte aus der Zeit Ludwigs XIV., Einlegearbeit und Gold von unerwarteter Schönheit. Alles ist kalkgebleicht. Armut und Prunk. Wir sehen noch nicht einmal den zehnten Teil der Burg«.

Ein Besuch der Burg Eltz war im 19. Jahrhundert noch eine äußerst aufwändige Angelegenheit und musste gut vorbereitet sein. Zunächst musste man beim damaligen Besitzer schriftlich um eine Besuchserlaubnis bitten. Im *Baedeker Rheinlande* von 1895 heißt es über die Besichtigungsmodalitäten auf Burg Eltz zum Beispiel: »*Der Hof darf jederzeit betreten werden, das in geschmackvoller Einfachheit restaurierte Innere jedoch nur werktags mit besonderer Erlaubnis des Grf. Eltz in Eltville, die man eine Woche vorher schriftlich einzuholen hat*«.

Historische Postkarte von Burg Eltz

William Turner, Burg Eltz von Osten, um 1841

Außerdem gab es keine wirklich ausgebaute Straße zur Burg. Die Anreise über Moselkern hört sich im *Baedeker* von 1895 noch recht abenteuerlich an: »*Der Fahrweg von Moselkern nach Eltz (1 1/2–2 St.) führt wiederholt durch den Bach. Fußgänger folgen demselben bei der Kirche vorüber oder unter der Eisenbahn durch, auf dem l. Ufer des Elzbaches aufwärts etwa 25 Min. bis vor die zweite Mühle; hier über die Brücke zum r. Ufer, hinter der Mühle links an dem Gartenzaun weiter; auf dem Treppensteg über den Mühlgraben und an der Biegung des Berghanges hin in c. 5 Min. wieder zum Fahrweg, dann auf neuem Fußweg, weiter auf einem Steg zum l. Ufer und hinauf zur Burg*«. So kompliziert sich diese Wegbeschreibung auch anhören mag, es müssen ihr doch eine Menge Leute gefolgt sein, denn zu diesem Zeitpunkt hatte sich schon eine gewisse touristische Infrastruktur im Umfeld der Burg entwickelt. So findet sich im selben *Baedeker* zum Beispiel folgender praktischer Hinweis: »*Beim Waldwärter unterhalb der Burg Erfrischungen*«.

Englische Reisende

Eine besonders wichtige Rolle bei der Popularisierung von Burg Eltz als Sehenswürdigkeit spielten englische Reisende, die schon im frühen 19. Jahrhundert eine Vorliebe für den Rhein und die Mosel entwickelten, deren malerische Landschaften – voll von Burgen und Ruinen – ihrer romantischen Vorstellung von Deutschland entgegenkamen. Unmittelbar nachdem 1815 mit dem Ende der napoleonischen Kriege und der Aufhebung der damit verbundenen Kontinentalsperre Reisen auf den Kontinent für Engländer wieder möglich geworden waren, kamen sie scharenweise an Rhein und Mosel. Auch Burg Eltz gehörte zu den Zielen dieser frühen englischen Touristen, und sie wird in englischsprachigen Reiseführern der Zeit bereits erwähnt, so etwa in A. W. Schreibers *The Traveller's Guide down the Rhine*, der 1818 in London erschien. In einem ab 1840 geführten Gästebuch, das auch die Wohnorte der Burgbesucher verzeichnet,

William Turner, Burg Eltz, um 1840

haben sich auf manchen Seiten mehr englische als deutsche Besucher eingetragen. Es ist also kein Wunder, dass auch englische Maler und Schriftsteller begannen, der Burg Eltz Besuche abzustatten. Der englische Landschaftsmaler William Clarkson Stanfield zum Beispiel bereiste zwischen den zwanziger und den sechziger Jahren des 19. Jahrhunderts mehrmals den Rhein und seine Nebenflüsse und zeichnete dabei auch die Burg Eltz (Abb. S. 31).

Besonders angetan hatte es die Burg allerdings William Turner, der sie während seiner ausgiebigen Rheinreisen gleich mehrmals besuchte und sie in einer ganzen Serie von Zeichnungen und Aquarellen verewigte. Zum ersten Mal kam der eigenwillige englische Maler 1840 zur Burg Eltz. Er hatte sich darauf gut vorbereitet und dazu sogar die Passage über Burg Eltz aus dem *Traveller's Guide down the Rhine* in sein Tagebuch abgeschrieben. Bei seinem ersten Besuch zeichnete Turner die Burg nur von dem Aussichtspunkt in der Nähe

der Trutz-Eltz aus, ungefähr aus derselben Perspektive wie Stanfield wenige Jahre zuvor. Als er ein Jahr später wieder in das Elztal zurückkehrte, nahm er sich allerdings mehr Zeit. Diesmal lief er auch in das Tal hinab und umwanderte den gesamten Felskopf, um die Burg so aus unterschiedlichen Blickwinkeln zeichnen zu können. Ein Eintrag im Gästebuch der Burg zeigt außerdem, dass William Turner bei einem weiteren Besuch auch die Innenräume besichtigt haben muss.

Nicht nur zahllose Gemälde und Zeichnungen von Burg Eltz im 19. Jahrhundert stammen aus englischer Hand, auch die älteste bekannte Fotografie der Burg wurde von einem Engländer aufgenommen (Abb. S. 33). Der Londoner Fotograf Joseph Cundall unternahm 1866 zusammen mit dem Architekten und Grafiker John P. Seddon eine Reise durch die Rheinlande, während der diese Aufnahme entstand. Im Auftrag der Architectural Photographic Society, einer in London ansässigen

Organisation, die sich auf die Fotografie von Architektur spezialisiert hatte, wollten die beiden die historischen Bauten der Region fotografieren und so für die Nachwelt dokumentieren. Sie machten für das Bildarchiv der Architectural Photographic Society insgesamt 22 Aufnahmen. Eine Auswahl dieser Fotos – darunter die Aufnahme von Burg Eltz – wurde dann zwei Jahre später in Seddons Reisebericht *Rambles in the Rhine Provinces* veröffentlicht. Das Buch war in dieser Hinsicht vergleichbaren deutschen Publikationen weit voraus, denn deutsche Reiseführer und -berichte über Rhein und Mosel waren zu dieser Zeit – wenn überhaupt – allenfalls mit Lithografien, Stahl- oder Holzstichen illustriert. Seddon beschreibt in seinem Reisebericht u. a. die abenteuerlichen Umstände, unter denen das erste Foto von Burg Eltz entstand: *»Der Weg war lang und schroff und doch kam uns die für diese Rekognoszierung aufgewandte Zeit kurz vor, denn die Witterung eines Photographen für den richtigen Standort ist so scharf, wie der Blick des Adlers für seine Beute, und es war sofort klar, daß es hier keine große Auswahl gab. Dennoch wurde eine wilde Jagd daraus; trotz des einstimmigen Beschlusses, daß der Standort durchaus dem Burgtor gegenüber sein müsse, kam eben doch viel auf die Höhe an, und der Weg unten im Tal lag viel zu tief. So sausten wir wie eine Meute von Jagdhunden durch Gebüsch und Felsgestein, bald gab da drüben einer Laut und rief, auf seiner Felsenspitze sei es ganz famos, bald strich ein andrer seinen Platz als den besten heraus, und keiner schien zu bedenken, wie man dann die Kamera dort hin bringen könne, wohin er selbst wie ein Steinbock hinaufgeklettert war. Endlich war man sich einig; der Platz lag zwanzig Fuß über dem Weg, und man hatte von dort aus einen glänzenden Eindruck von der Tiefe der Schlucht, die der Zugang zur Burg überbrückte, wie auch von der erstaunlichen Höhe der Burgbauten selber. Für die Aufnahme schien der Platz zwar nicht jede Sicherheit zu gewähren; und wenn wir ihn mit Hilfe einiger Büsche erreicht hatten, so würde es nachher mit den Platten in der Hand viel schwieriger sein; schließlich waren wir aber hierhergekommen, um Schloß Eltz zu photographieren, und nichts sollte uns*

davon abhalten …« Neben der großen, schweren Kamera und den Platten für die Aufnahmen transportierten die wagemutigen Engländer anschließend ein komplettes Zelt mit einer vollständig ausgestatteten Dunkelkammer und den nötigen Chemikalien vor die Burg Eltz. Ein solcher Aufwand war in den Pionierzeiten der Fotografie nicht zu vermeiden, denn die Glasplatten für die Fotografien konnten erst unmittelbar vor der Aufnahme in einer Dunkelkammer lichtempfindlich gemacht werden. Außerdem war es damals üblich, sie sofort vor Ort zu entwickeln, um sicherzustellen, dass sie auch gelungen waren. Seddon berichtet weiter: *»Bald war die Kamera an ihrem Platz und das Stativ fest in die Erde getrieben, und bald hielten wir auch zwei geglückte Negative in den Händen. Aber gute Generale sollten sich nie überraschen lassen, wir hatten mit dem Wetter in Deutschland genug Erfahrungen gemacht, um zu wissen, dass auf sechsstündigen Sonnenschein Sturm folgen müsse; die stille Schönheit der Szenerie hatte aber jede Furcht eingelullt, einige von uns waren in den vorderen Burghof gegangen, andere an die plätschernde Eltz, als ein plötzlicher Windstoß unseren Operateur aufschreckte: er blickte aus dem Dunkelzelt, worin er arbeitete, zu der Felsenspitze hinauf, wo die Kamera stand, und sah sie gerade noch durch die Luft wirbeln und mit der Linse nach unten auf dem Pfad aufschlagen: er rannte hinaus, um zu retten, was zu retten war, doch da wehte der Wirbelwind auch schon das Zelt fort, worin er gerade das letzte Negativ entwickelt hatte. Man kann sich denken, mit welch kläglichen Mienen wir zu den vermeintlichen Trümmern von Kamera und Zelt eilten. Aber o Wunder!, unter dem Zelt fanden wir die Glasplatte vollständig heil, ohne den geringsten Kratzer auf ihrer empfindlichen Collodiumsschicht: es ist dieselbe Platte, von der die beigefügte Illustration stammt!«*

Wie genau sich im 19. Jahrhundert ein Besuch der Burg abspielte, beschreibt die englische Reiseschriftstellerin Katharine Macquoid, die Burg Eltz im Spätsommer des Jahres 1895 kennen lernte. Sie vermied den beschwerlichen Weg von Moselkern, indem sie in Münstermaifeld eine Kutsche mietete und einen Fahrer anheuerte, der sie dann bis zur Antoniuskapelle brachte. Das letzte Stück des Weges lief sie mit ihren Begleitern zu Fuß. Katharine Macquoid schildert den Besuch als einmaliges Erlebnis und beschreibt die Atmosphäre der Burg als geradezu magisch:

»Von unserem Standplatz aus konnten wir sehen, wie unser schmaler Weg sich hinunterschlängelte bis zu der Brücke über den Fluß. Dann führte der Pfad durch einen überdachten Torweg hinauf zum höher gelegenen Fuß der Burg. Wir folgten diesem Weg, im Gefühl, zu einem Zauberschloß unterwegs zu sein. Falls wir Einlaß finden sollten, würden wir vielleicht verhext werden, verwandelt in die rot und blau geflügelten Grashüpfer, die sehr zahlreich über unseren Weg flitzten, die hier und dort als Farbflecke auftauchten, als ob sie den brennenden Sonnenschein genießen würden. Es schien wahrhaftig ein verzauberter Platz zu sein.

Selbst als wir ganz nah an der Burg waren, schienen ihre Grundmauern mit dem Fels eins zu sein; Teile der Bauwerke sahen aus, als ob sie aus dem dunklen Stein gehauen wären. Einige Stufen gingen wir im Fels hinauf, und dann über eine wundervolle Reihe von steilen, gewundenen Wegen und Eingängen, bis wir endlich den inneren Hof oder Schloßhof erreichten, auf den die Haupttüre sich öffnet. Alles war still und verlassen, keine dunkelhäutigen Maiden oder wilde Löwen, obwohl der Schloßhof, in dem wir nun standen, ganz im Herzen des Bauwerks zu liegen schien, das von allen Seiten düster herunterblickte.

Als wir läuteten, sahen wir über dem Torweg geschrieben: Burghaus Eltz-Rübenach. Wir warteten wie Bittsteller vor diesem Hause ›Wundervoll‹, und bald hörten wir, wie Riegel zurückgeschoben wurden. In der Stimmung, in der wir waren, hätte es uns nicht gewundert, wenn sich beim Öffnen der Tür der Türhüter als dreiköpfiger Drache gezeigt hätte. Wir hätten uns wahrscheinlich vor ihm verbeugt. Aber der Bann war teilweise gebrochen, als eine sanft blickende Frau erschien und sich die Erlaubnis des Grafen zur Schloßbesichtigung zeigen ließ. Sie nahm sie und führte uns zur nächsten Tür, die auf den Schloßhof führte; sie übergab uns ernsthaft der Schloßführerin des entzückenden Palastes, einer sehr stattlichen Dame, die sich als ebenso gutmütig zeigte, wie sie fett war. Sie ließ uns unsere Schirme auf einem Sitz vor der Tür ablegen, und

dann führte sie uns treppauf, treppab, ins Zimmer der Herrin, durch eine sehr verwirrende Reihe von malerischen Räumen, voll von interessanten Gegenständen und mit seltenen Möbeln, die zwei-, drei- oder mehr hundert Jahre alt waren …

Wir gingen auf und ab, drehten und wendeten uns, von Raum zu Raum, durch enge dunkle Flure, jetzt zur Rechten, dann zur Linken. Einmal führte eine steile Treppe mit Nischen neben den Türen, groß genug, um zwei Personen zu verbergen, wie um Verrat und heimliche Lauscher zu beschwören, hinunter in ein schön geschnittenes Schlafzimmer.

Man zeigte uns Schlafraum und Ankleidezimmer des jungen Grafenpaares, das jedes Jahr zwei Wochen auf der Burg verbringt. Die Bettvorhänge waren sehr interessant, die Tür hatte riesige, schwere Silberklinken. Diese waren modern, wie unsere Führerin uns sagte; die meisten Möbel waren sehr alt. Auch das Toilettenzimmer der Gräfin erschien sonderbar altmodisch. Aber die Aussicht aus den Fenstern war reizvoll und immer wechselnd, sie gab stets neue Ausblicke auf die Windungen der schönen Elz. Wir sahen die Kinderzimmer und die Gastzimmer; eins davon hatte ein geschnitztes Eichen-Himmelbett mit Seidenvorhängen. Von einem großen Raum aus kam man in eine Kapelle oder Betkammer, mit einem Altar und gemalten Glasfenstern. Das Bett in diesem Raum sah grausig aus; an einer Seite führten Stufen hinauf, damit der Schläfer den tiefen Kasten erklimmen konnte, der das Bettzeug enthielt. Es war irgendwie unheimlich dort, mit dem alten, dunklen Vorhängen; man fühlte, daß etwas Geheimnisvolles dort geschehen sein könnte, und daß es verwünscht schien. Ein anderer Raum hatte mehrere Betten, hell und freundlich; man sagte uns, daß dies das Krankenzimmer sei.

Dann besuchten wir den Fahnensaal mit seinem reich gewölbten Dach und dem schönen Erker, den Eßsaal mit mehreren Familienbildern, den Kurfürstensaal, die Rüstkammer, das Boudoir der Dame des Hauses, mit Familienporträts, vor allem aber den Rittersaal … Die meisten Schlafzimmer sind ziemlich klein; viele haben nackten, rohen Eichenboden, nur hier und da mit einem kleinen Teppich. Der vorherrschende Stil des Hauses ist eine strenge und in einigen Fällen fast harte Einfachheit, es gibt einen wundervollen Eindruck des späten Mittelalters«.

Das 20. Jahrhundert

Was im 19. Jahrhundert begann, setzte sich im 20. Jahrhundert fort. 1906 stattete der Deutsche Kaiser Wilhelm II. Burg Eltz einen Besuch ab. In den folgenden Jahren nahmen die Besucherzahlen so zu, dass die etwas umständliche Regelung, derzufolge man beim Besitzer schriftlich um eine Erlaubnis zur Besichtigung bitten musste, aufgegeben wurde und stattdessen regelmäßige Öffnungszeiten eingeführt wurden. Im *Baedeker* von 1925 heißt es über Burg Eltz zum Beispiel: *»zugänglich ist der Schloßhof; Besichtigungen des Inneren nur in Abwesenheit des Besitzers werktags 9–12 und 2–6 Uhr«*. Der Eintrittspreis betrug damals eine Mark.

Eintrag Kaiser Wilhelms II. im Gästebuch der Burg Eltz

Bereits 1931 wurde ein erster kleiner Burgführer publiziert, in dem die Autorin, Johanna Gräfin Erwein zu Eltz, die verschiedenen Gebäude beschreibt und die Geschichte der Familie knapp skizziert. Sie begründet die Veröffentlichung des Heftes mit dem *»allgemeinen Interesse, welches sich durch den regen Besuch der Burg Eltz und ihrer Umgebung kund gibt«*. Zugleich geht es ihr aber auch darum, *»den oft unrichtigen Beschreibungen des Brandes vom Jahre 1920 … entgegenzutreten«*, und sie verspricht eine den Tatsachen entsprechende Darstellung der tragischen Ereignisse von 1920 *»nach mündlicher Schilderung der Burgverwalterin Fräulein Lieschen Hendgen und des Oberrentmeisters Herrn Schreckenberg«*. Dieser Beschreibung zufolge brach in der Nacht vom 26. September 1920 in den Kempenicher Häusern ein Feuer aus, das man zunächst nicht in den Griff bekam. Obwohl sofort *»Löscher und die Handspritze verwendet wurden, der Burgwart Hartung und der Förster Wisniewski gleich zur Stelle waren«*, breitete sich das Feuer rasch aus. *»Endlich kamen die Feuerwehren an, konnten aber wegen des steilen Hanges keine großen Feuerspritzen mitbringen. So mußten sie mit der Handspritze löschen und sich damit behelfen, daß Wassereimer von der Eltz herauf in langen Reihen von Hand zu Hand gereicht wurden. Von allen Orten der Umgebung waren zur Hilfe Leute und Schaulustige herbeigeeilt«*. Als der Brand mit Hilfe der

Bevölkerung der umliegenden Orte gelöscht worden war, waren fast die kompletten Kempenicher Häuser sowie Teile der Platt-Eltz und die oberen Geschosse der Rodendorfer Häuser ausgebrannt. Nur das Rübenacher Haus blieb völlig unversehrt. Die Restaurierungsarbeiten begannen noch im selben Jahr und schritten zunächst zügig voran. Sie mussten aber 1923 wegen – wie Johanna Gräfin Erwein zu Eltz schreibt – *»Geldmangel und Inflation«* unterbrochen werden. Erst 1927 konnte die Burgverwalterin, die vorübergehend in das Goldschmiedehäuschen – die heutige Oberschänke – gezogen war, wieder in ihre Wohnung in einem der Kempenicher Häuser zurückkehren. Die Restaurierungsarbeiten wurden dann 1930 abgeschlossen. Da praktisch das vollständige Mobiliar vor den Flammen gerettet worden war, konnten viele Räume wieder genau so hergerichtet werden, wie sie vor dem Brand ausgesehen hatten.

Während des Zweiten Weltkriegs übernahmen die schützenden Mauern der Burg eine Aufgabe, die geradezu an mittelalterliche Zeiten erinnerte. Mehrere Familien, die aus gefährdeten Orten evakuiert worden waren, fanden in der abgelegenen Burg eine vorübergehende Bleibe.

Rückseite des 500-Mark-Scheins. Im Umlauf von April 1965 bis Juni 1995

In der zweiten Hälfte des 20. Jahrhunderts knüpfte man an die Traditionen der Romantik an, und Burg Eltz wurde ein immer beliebter werdendes Ausflugsziel. Im Bereich der Vorburg wurden neben einem Andenkengeschäft zwei Gaststätten eröffnet. Die obere befindet sich in einem ehemaligen Handwerkerhäuschen, die untere im Remisengebäude. In den 1970er und den frühen 1980er Jahren wurden umfangreiche Instandsetzungsmaßnahmen durchgeführt. So wurden zum Beispiel die Befestigungsanlagen vor der Westseite der Burg gesichert. Außerdem wurden die Kellergeschosse des Rübenacher Hauses renoviert, in denen 1981 die Schatzkammer eröffnet wurde, ein Museum, das seitdem Waffen, Schmuck, Goldschmiedearbeiten, Geschirr und die unterschiedlichsten Kunstwerke aus dem Besitz der Familie Eltz zeigt. Bis in die frühen 1990er Jahre war eine Banknote der bekannteste Werbeträger für Burg Eltz – sie zierte lange Zeit die Rückseite des alten 500-Mark-Scheins.

Heute gehört die Burg zu den meistbesuchten Sehenswürdigkeiten Deutschlands. Sie wird jedes Jahr von mehr als 300000 Besuchern aus dem In- und Ausland besichtigt. Wie schon seit 850 Jahren, so befindet sich Burg Eltz auch heute noch im Besitz der gleichnamigen Familie. Der heutige Besitzer, Dr. Graf Karl von und zu Eltz-Kempenich, genannt Faust von Stromberg, repräsentiert die 33. Generation des Hauses. Er lebt in Eltville am Rhein, wo die Familie Eltz schon seit dem 17. Jahrhundert einen Wohnsitz hat. Burg Eltz wird seit über zwei Jahrhunderten ganzjährig von Verwaltern bewohnt.

Zeitreise durch die Jahrhunderte: Die Innenräume

Während die Platt-Eltz und die Kempenicher Häuser privat genutzt werden, sind große Teile des Rübenacher Hauses und der Rodendorfer Häuser der Öffentlichkeit zugänglich. Man kann sie in geführten Rundgängen kennen lernen, die vielfältige Einblicke in das Leben auf Burg Eltz gewähren und einen unvergesslichen Eindruck von der spätmittelalterlichen rheinischen Wohnkultur vermitteln. Alle in den Innenräumen der Burg zu sehenden Möbel und Kunstwerke stammen aus dem Besitz der Familie Eltz.

Eingangshalle

Eine Führung durch die Burg beginnt in der Eingangshalle des Rübenacher Hauses. Dieser etwas düster wirkende Raum war ursprünglich Empfangshalle und wurde erst in neuerer Zeit in eine Rüst- und Waffenkammer umgewandelt (Abb. rechts). Im Mittelalter wäre es undenkbar gewesen, Waffen im Wohnbereich der Burg auszustellen. Sie wurden gewöhnlich in separaten, gesicherten Räumen aufbewahrt. Vermutlich wurde die Rübenacher Eingangshalle bei den Restaurierungsarbeiten im 19. Jahrhundert der Mode der Zeit entsprechend umfunktioniert.

Die linke Seite des Raums wird von einer geschlossenen Wendeltreppe dominiert, die in die oberen Geschosse des Rübenacher Hauses führt. Weiter hinten erkennt man zwischen der Treppe und der Fensterfront einen einfachen gotischen Kamin, auf dessen Haube das Wappen der Familie Eltz vom silbernen Löwen zu erkennen ist. An der westlichen Wand des Raumes hängt über den Fenstern eine komplette Rüstung. Außerdem sieht man mehrere Brustpanzer, Helme und Sturmhauben. Solche Sturmhauben, die im Gegensatz

zum Helm kein Visier haben, leiten ihren Namen davon her, dass sie beim Sturm, also beim Angriff auf eine Burg getragen wurden. Sie sollten den Träger vor von oben heruntergeworfenen Steinen, vor Geschossen oder herabgeschüttetem Pech schützen. Weitere Elemente der Ausrüstung eines Fußsoldaten, die man hier sehen kann, sind ein runder Schild und ein Ringhemd, das häufig als zusätzlicher Schutz unter dem Brustpanzer getragen wurde. Bei genauem Hinsehen kann man erkennen, dass Letzteres aus kleinen Metallringen besteht, die von Schnur umwickelt sind und durch diese zusammengehalten werden.

Eingangshalle mit Waffen und dem Eltz-Rübenacher Wappen über dem Kamin

Der Rübenacher Untersaal war einer der größten Wohnräume der Burg.

Hellebarden in der Eingangshalle des Rübenacher Hauses

Links von den Fenstern hängt eine kleine Gruppe einfacher Geschosse, die wie kurze, schwere Pfeile aussehen. Sie stammen aus dem 14. Jahrhundert, aus der Zeit der Eltzer Fehde. Die oberen Bolzen wurden mit großen Armbrüsten, die unteren mit einer frühen Form der Feuerwaffe verschossen, wie sie als Nachbildung darunter zu sehen ist. Der Trierer Kurfürst Balduin von Luxemburg muss bei der Belagerung von Burg Eltz derartige frühe Feuerwaffen eingesetzt haben.

Zu den ausgestellten Feuerwaffen gehören die so genannten Wall- oder Hakenbüchsen rechts von dem Fenster. Diese Waffen aus dem 15. Jahrhundert wurden mit dem großen Haken, den man an ihrer Unterseite erkennt, in Wälle oder Festungsmauern eingerammt oder anders befestigt, um so den schweren Rückstoß aufzufangen. Hakenbüchsen wurden aus Bronze gegossen oder auch aus Eisen geschmiedet und gewöhnlich als Verteidigungswaffen eingesetzt.

Weiterentwicklungen dieser frühen Feuerwaffen sind an der Fachwerkwand auf der rechten Seite des Raums zu sehen. Dabei handelt es sich um Lunten- und Radschlossgewehre. Sie wurden von vorne mit Pulver und Kugeln geladen und werden daher auch Vorderlader genannt. Im Fall der etwas älteren Luntenschlossgewehre wurde das Pulver schlicht mit einer Lunte, einer Art Zündschnur, angezündet und so der Schuss ausgelöst. Eine Lunte war eine in Salpeter getränkte Wollschnur, die beim Abbrennen unangenehm roch. Dieser Geruch der schwelenden Lunte konnte die Gegner bereits vor dem Abfeuern eines Schusses warnen. In solchen Fällen sprach man davon, »Lunte gerochen« zu haben, also Verdacht geschöpft oder die Gefahr gewittert zu haben. »Lunte riechen« ist nur einer von an die 800 deutschen Ausdrücken und Redensarten, die auf die Welt der mittelalterlichen Burgen zurückgehen.

Schon bald nachdem das Luntenschlossgewehr im 15. Jahrhundert entwickelt worden war, versuchte man es zu verbessern und weiterzuentwickeln. Sein Nachfolgemodel wurde das so genannte Radschlossgewehr, das zum ersten Mal um 1515 in Nürnberg angefertigt wurde. In der Eingangshalle sind unterhalb der ausgestellten Luntenschlossgewehre zwei Exemplare dieser Waffe zu sehen. An den Radschlossgewehren kann man einen einfachen Mechanismus erkennen, der ein Rad an einem Zündstein vorbei bewegt und so einen Funken herstellt, der dann das Pulver zündet. Ein Radschlossgewehr war wegen der aufwändigeren Herstellung etwa viermal so teuer wie ein Luntenschlossgewehr, dafür aber viel zuverlässiger. Das Radschloss wurde über zwei Jahrhunderte lang gebaut und verkauft und sogar im 18. Jahrhundert noch in manchen Jagdwaffen verwendet.

Rechts von den Lunten- und Radschlossgewehren ist eine Sammlung orientalischer Waffen ausgestellt, die u.a. aus Krummsäbeln, einem Schmuck- oder Paradeschwert, das aus dem Kiefer eines Sägefisches gearbeitet ist, einem leichten, seidenen Rundschild, Reiterstiefeln, Köchern sowie mehreren Reflexbögen und den dazugehörigen Pfeilen besteht. Sie alle wurden von Mitgliedern der Familie Eltz während der Türkenkriege im 17. und 18. Jahrhundert erbeutet, vermutlich bei der türkischen Belagerung Wiens im Jahr 1683.

Schließlich sind unterhalb der orientalischen Waffen und der Lunten- und Radschlossgewehre eine Reihe von Hellebarden zu sehen. Sie waren vom 14. bis ins 16. Jahrhundert die typischen Hieb- und Stichwaffen der Fußsoldaten und bestehen immer aus einem hölzernen Stil, einer axtförmigen Klinge, einem Haken, mit dem man versuchte, Ritter vom Pferd herunterzuziehen, und einer langen, scharfen Spitze, der so genannten »Pike«. Bei den einfachen bewaffneten Fußsoldaten, die man auch »Pikiere« nannte, handelte es sich um den niedrigsten Rang in einem Heer. Wer seine militärische Laufbahn als Fußsoldat begann, konnte später von sich behaupten, seinen Beruf »von der Pike auf« erlernt zu haben.

Rübenacher Untersaal

Von der Eingangshalle geht es durch eine niedrige Tür in den Rübenacher Untersaal, einen freundlichen, großen Wohnraum (Abb. S. 42). Seine Architektur ist fast völlig ursprünglich. So stammt etwa die schlichte Eichenbalkendecke noch aus der Zeit der Erbauung im 15. Jahrhundert. Die einzige Veränderung, die während der Restaurierungsarbeiten im 19. Jahrhundert vorgenommen wurde, war der Einbau des mächtigen Querbalkens, der heute die Decke trägt. Früher stand stattdessen – genau wie in den Etagen über und unter dem Rübenacher Untersaal – ein Pfeiler in der Mitte des Raumes.

Wie etwa vierzig der insgesamt hundert Räume der Burg war auch der Rübenacher Untersaal durch einen offenen Kamin zu beheizen. Die für die damalige Zeit ungewöhnlich große Zahl an Kaminen belegt den hohen Wohnkomfort der Gebäude auf Burg Eltz. Die Haube des Kamins ist hier wie in der Eingangshalle mit dem Wappen der Familie Eltz vom silbernen Löwen verziert. Auf der Feuer-

Falt- oder Scherenstuhl aus dem 16. Jahrhundert

Geweihleuchter im Rübenacher Untersaal

stelle stehen so genannte Feuerhunde oder Feuerknechte, auf die man die Holzscheite legte, damit sie nicht brennend in den Raum rollen konnten. An der Rückwand der Feuerstelle sieht man außerdem eine Takenplatte, eine gusseiserne Platte, die die Wärme des Feuers aufnahm und sie auch nach dem Abbrennen des Holzes noch lange weiter in den Raum strahlte. Oft wurden sie auch als Trennwand zu einem Nachbarraum eingesetzt, um so mit einem Feuer zwei Zimmer gleichzeitig zu heizen. Die im Rübenacher Untersaal zu sehende Platte wurde 1537 in der Eifel hergestellt. Der Boden der Feuerstelle besteht aus senkrechten Schieferplatten, die man in eine Schicht Sand stellte. Ähnlich wie die Takenplatte speicherten sie die Hitze des Feuers. Außerdem hatten sie den Vorteil, dass sie – im Gegensatz zu einer durchgehenden Steinplatte – auch bei großer Hitze nicht rissen.

Ein weiteres zentrales Element des Wohnraums sind neben dem Kamin die Fenster. Da man mittelalterliche Räume nur sehr spärlich beleuchten konnte – in diesem Sinne war das Mittelalter wirklich finster –, bemühte man sich, das Tageslicht möglichst optimal zu nutzen. Dazu wurden in die sich nach innen weit öffnenden Fensternischen Sitzbänke eingebaut, auf denen man das einfallende Licht bis zum Sonnenuntergang nutzen konnte. Nachts und in fensterlosen Gängen benutzte man zur Beleuchtung in erster Linie Kienspan, den man in Tischständer oder in Eisenringe steckte, die in die Wände eingebaut waren. Auch Talglampen und Fackeln waren beliebt, während Kerzen eher selten verwendet wurden, da sie sehr teuer waren und zudem schnell abbrannten. Der originelle, mit Kerzen bestückte Geweihleuchter, der über dem Tisch hängt, besteht aus einem Hirschgeweih und einer einen Wappenschild tragenden Frauenfigur, deren Körper wie bei einer Meerjungfrau in einem Fischschwanz endet. Solche Geweihleuchter waren in Deutschland vor allem im 15. Jahrhundert beliebt; die barocke Wappenform lässt im Fall des Leuchters im Rübenacher Untersaal aber vermuten, dass er später verändert wurde.

Die Verglasung der Fenster besteht – wie im 15. Jahrhundert in wohlhabenden Häusern üblich – aus Butzenscheiben. Für diese einfachste Form des Fensterglases blies der Glasbläser einfach eine Glaskugel und drückte – oder schleuderte – sie noch in heißem Zustand flach. In der Mitte der kleinen, runden Scheiben kann man noch die Abbruchstelle der Glasmacherpfeife erkennen, den so genannten »Butzen«, dem diese Scheiben ihren Namen verdanken. Die Scheiben wurden dann ungeschnitten mit Bleiruten umfasst und so zusammengefügt. Diese Art der Verglasung war im oströmischen Reich schon in der Antike bekannt, kam aber erst in der Zeit der Kreuzzüge nach Mitteleuropa. In frühmittelalterlichen Bauten wurden Wandöffnungen noch meistens mit Holzläden, hellen mit Rinderfett imprägnierten Stoffen, Pergament oder manchmal auch mit Fellen verschlossen.

Die Einrichtung des Rübenacher Untersaals stammt aus verschiedenen Jahrhunderten, wobei der Raum ursprünglich allerdings deutlich kärger eingerichtet war als heute. Möbel waren im Mittelalter äußerst wertvoll und man beschränkte sich daher auf das Wesentliche. Das wichtigste Möbelstücke war die Truhe, die man zum Aufbewahren von Kleidung oder Gebrauchsgegenständen und auch als Sitzmöbel nutzte. Sie konnte außerdem auch als – mobiler – Transportkoffer, als Tisch oder mit Kissen belegt sogar als Bett dienen. Zunächst wurden Truhen aus ausgehöhlten Baumstämmen gemacht, die allerdings im hohen Mittelalter zunehmend durch Bretttruhen ersetzt wurden. Diese wurden im Laufe der Zeit immer aufwändiger dekoriert. So wurden die Metallbeschläge, die ursprünglich nur zur Verstärkung angebracht wurden, immer dekorativer, und die Vorderseite der Truhe wurde durch flache Schnitzereien oder Malereien verziert. Aus dieser Zeit stammt die große Truhe im Rübenacher Untersaal, die an der fensterlosen, zum Innenhof weisenden Ostwand des Raumes steht. Die spätgotische Truhe ist mit pflanzlichen Ornamenten geschmückt. Auf der Truhe stehen 15 unterschiedlich große Zinnkrüge aus dem 17. und 18. Jahrhundert.

Spätgotische Truhe mit Zinnkrügen aus dem 17. und 18. Jahrhundert

Folgende Doppelseite: Flämischer Wandteppich, um 1580

Aus dem 15. Jahrhundert stammt die spätgotische, süddeutsche Uhr einige Meter rechts der Truhe. Auf ihrem bemalten Zifferblatt ist die Jahreszahl 1483 zu lesen und das Wappen der Familie Eltz zu sehen. Man darf also vermuten, dass die Uhr für ein Mitglied der Familie Eltz angefertigt wurde. Zur Pendeluhr umgerüstet wurde sie wahrscheinlich erst im 17. Jahrhundert.

In derselben Ecke des Raums steht einer der ältesten Stühle der Burgeinrichtung, ein so genannter Falt- oder Scherenstuhl aus dem 16. Jahrhundert (Abb. S. 45). Ähnlich wie die Truhe war der Scherenstuhl ein mobiles Möbelstück, das sich leicht transportieren ließ. Die Geschichte dieses praktischen Sitzmöbels beginnt bereits in der Antike. Bei den Ägyptern war er ebenso verbreitet wie bei Griechen und Römern. Auch im Mittelalter war er auf Burgen und in Städten beliebt, bevor er in der Zeit des Barocks von gepolsterten Sesseln verdrängt wurde.

Die zwei in Grüntönen gehaltenen flämischen Bildteppiche an der Ostwand entstanden um 1580 (Abb. S. 48/49). Während Wandteppiche ursprünglich besonders der Isolierung dienten und mittelalterliche Räume wärmer und wohnlicher machen sollten, wurden sie im Lauf der Zeit immer kunstvoller und dekorativer. Die beiden hier zu sehenden Teppiche zeigen Tiere und Pflanzen, die teilweise sehr exotisch wirken. Dies spiegelt die Mode einer Zeit wider, in der Europäer andere Erdteile kennen lernten und deren fremdartige Welt in Bildern und anderen Kunstwerken verarbeiteten.

Im Rübenacher Untersaal sind schließlich auch einige der schönsten und besterhaltenen Gemälde der Burg zu sehen. Links auf der Fachwerkwand zur Eingangshalle hängt ein Tafelbild, das eine Gregorsmesse zeigt, aus der Kölner Malerschule stammt und auf 1494 datiert ist. Das Bild war vermutlich einmal der rechte Teil eines Altars. Die darauf dargestellte Szene war im 15. Jahrhundert kein ungewöhnliches Motiv. Sie zeigt in einem gotischen Kirchenraum Papst Gregor den Großen, der eine Messe zelebriert. Dabei erscheint ihm Christus aus allen Wunden blutend und das Blut sammelt sich in seinem Messkelch. So sollte das Wunder der Wandlung – die Verwandlung des Messweins zu Blut – anschaulich gemacht werden. Im Hintergrund sieht man weitere Motive, die an den Leidensweg Christi erinnern, u.a. den Judaskuss, Folterknechte und ihr Werkzeug, Petrus und den Hahn, die Leiter zur Kreuzabnahme, den zerrissenen Vorhang des Tempels in Jerusalem und vorne rechts das Waschgeschirr des Pilatus, in dem er seine Hände »in Unschuld« wusch. So wurde den spätmittelalterlichen Betrachtern eine Bildergeschichte über die Wandlung und ihre Hintergründe erzählt. Obwohl sich zum Zeitpunkt der Entstehung des Bildes die perspektivisch korrekte Malerei in Italien schon entwickelt hatte, war die Technik dem Maler dieses Gemäldes offensichtlich noch nicht be-

Gregorsmesse, Kölner Malerschule, 1494

Madonnenbild von Lucas Cranach d. Ä., um 1520

Buchbild, wahrscheinlich aus der Werkstatt Michael Pachers, um 1550

kannt. Er benutzt noch eine reine Gefühlsperspektive, die man zum Beispiel an den nach oben auseinander laufenden Umrissen des auf dem Bild dargestellten Altars leicht erkennen kann.

Rechts neben der Gregorianischen Blutmesse hängt über der Tür zur Eingangshalle ein deutlich kleineres Tafelbild, das die Anbetung der Heiligen Drei Könige zeigt. Es stammt ebenfalls aus der Kölner Malerschule und entstand um 1500.

Wiederum ein Stück weiter rechts sieht man ein Madonnenbild, das um 1520 von Lucas Cranach dem Älteren gemalt wurde (Abb. S. 51). Sein Zeichen, eine winzige Schlange, ist auf der rechten Seite des Bildes zu erkennen. Das Gemälde zeigt Maria mit dem Jesuskind, dem sie gerade eine Traube reicht. Ihre blonden Haare werden von einem durchsichtigen Schleier bedeckt, der über die Stirn bis zu den

Augen reicht und ein Symbol ihrer Unschuld sein sollte. Ihr Kleid ist tiefrot, eine Farbe, die sie als Himmelskönigin kennzeichnet und zugleich für das Blut ihres Sohnes Jesus steht, das er für die Menschheit vergießen wird. Marias Mantel ist blau und grün – blau als Symbol der Treue und Farbe des Himmels, in den sie Aufnahme finden wird, grün als Zeichen der Hoffnung und Farbe des Frühlings, der Wiedergeburt und des Paradieses. Die Weintrauben spielen u. a. auf die Bibelstelle an, in der es heißt »Ich bin der Weinstock, Ihr seid die Reben, wer in mir bleibt und in wem ich bleibe, der bringt reiche Frucht«. Das Motiv der Maria mit Kind und Weintrauben war im 15. und 16. Jahrhundert auf Andachts- und Meditationsbildern beliebt. Durch den Verzicht auf jeglichen Hintergrund oder Beiwerk ist die Darstellung ganz auf Maria und Jesus konzentriert und der Betrachter wird so zur Andacht aufgefordert.

Die Kreuzigungsszene zwischen den Fenstern stammt wiederum aus der Kölner Malerschule. Das 1495 entstandene Bild verlegt die Kreuzigung Christi von Palästina nach Mitteleuropa. So sieht man im Hintergrund eine Hügellandschaft mit Burgen, die dem spätmittelalterlichen deutschen Betrachter vertraut vorkommen musste. Unter dem Kreuz steht rechts eine Gruppe von vier Frauen mit Johannes, links stehen Soldaten. Neben dem Kreuz sieht man einen Ritter, der zu Christus aufschaut. Auf dem Oberschenkel dieses Ritters kann man eine kleine Krone sehen und die Inschrift »Elz« lesen. Das Gemälde wurde also im Auftrag eines Mitglieds der Familie gemalt.

Am gegenüberliegenden Ende des Raums ist links des Kamins eine Anbetungsszene aus der Schule Cranachs zu sehen. Rechts hängt ein Buchbild, das aus dem frühen 16. Jahrhundert, höchstwahrscheinlich aus der Werkstatt des Südtiroler Malers Michael Pacher stammt.

Rübenacher Schlafgemach

Über eine enge Wendeltreppe geht es vom Rübenacher Untersaal in das darüber gelegene Stockwerk, in dem man in ein großes Schlafgemach kommt. Diese heutige Bezeichnung des Raums ist eigentlich nicht ganz korrekt, denn im späten Mittelalter war eine Trennung der Räume in Wohn- und Schlafzimmer noch unüblich. Man kann davon ausgehen, dass der große, repräsentative Raum ursprünglich nicht nur als Schlafzimmer, sondern auch als ein allgemeiner Wohnraum genutzt wurde.

Sein Aussehen wird ganz von den bunten Malereien dominiert, die alle Wände und auch die Holzbalkendecke zieren. Es handelt sich bei diesen mittelalterlichen Wand- und Deckenmalereien um eine echte Rarität, denn auf Burgen gingen solche Dekorationen fast immer bei späteren Umbauarbeiten verloren oder sie wurden übermalt. Die flächendecken-

Rübenacher Schlafgemach mit Wandmalereien aus dem 15. Jahrhundert

Der Erbauer des Rübenacher Hauses Wilhelm von Eltz mit seinem Wappen

Wilhelms Ehefrau Katharina von Eltz, geborene Blankart von Ahrweiler

den Muster im Rübenacher Schlafgemach bestehen aus Blüten, Früchten, Blättern und Ranken, die ein wenig orientalisch wirken. Und die Idee zu solchen dekorativen Pflanzenornamenten wurde auch wirklich aus dem

Wandgemälde im Rübenacher Kapellenerker

Orient importiert. Erst nachdem Mitteleuropäer durch die Kreuzzüge mit der arabischen Kunst in Kontakt gekommen waren, begann sich diese Form des Raumschmucks im Abendland zu verbreiten. Die Malereien im Schlafgemach gehen noch auf die Erbauungszeit des Rübenacher Hauses, auf das 15. Jahrhundert, zurück und wurden im späten 19. Jahrhundert restauriert.

Aus der Zeit der Erbauung stammt auch der spätgotische Kapellenerker an der Ostwand des Raums. Man musste diese kleine Kapelle in einen Erker bauen, weil üblicherweise niemand über einem Gotteshaus leben durfte. Da sich über dem Rübenacher Schlafgemach noch mehrere bewohnte Etagen befanden, platzierte man den Altar außerhalb des Raums, in einen in den Innenhof hinausragenden Erker, der von einem zierlichen Netzgewölbe überdeckt wird. Durch das Zusammenspiel der bunten Fenster und der Wandmalereien links und rechts des Altars macht er einen ausgesprochen farbenfrohen Eindruck. Die leuchtenden Glasmalereien – eine Art mittelalter-

liche Lichtbilder – zeigen oben die Anbetung der Heiligen Drei Könige, ein Motiv, das sich teilweise auf dem gewebten Altarvorhang wiederholt. Die unteren Fenster zeigen das Wappen der Linie Eltz vom silbernen Löwen umgeben von den knienden Stifterfiguren: links in einer Rüstung Wilhelm von Eltz, der Erbauer des Rübenacher Hauses, rechts seine Ehefrau Katharina von Eltz, geborene Blankart von Ahrweiler. Die Wandmalereien im Erker zeigen links eine Kreuzigungsszene und rechts eine Kreuzabnahme. Der Kapellenerker lässt sich durch zwei bemalte Flügeltüren schließen.

In der Mitte des Schlafgemachs steht ein großes Himmelbett. Dieses 2,20 Meter lange und 1,75 Meter breite dunkle Holzbett entstand um 1520. Es wurde auf mehrere Stufen gestellt, um so die im Raum nach oben aufstei-

Toilettenerker im Rübenacher Schlafgemach

gende Wärme besser auszunutzen. Trotz der breiten Feuerstelle gegenüber konnte dieser hohe Raum im Winter kaum wirklich warm werden. Auch der Baldachin des Betts und die Vorhänge waren daher ein Schutz vor Kälte. Als Bettzeug benutzte man Leintücher, Kissen und Decken, die mit Haaren, Wolle oder auch Daunen gefüllt waren. Auf dem hölzernen Gesims des Baldachins kann man Jagd- und Turnierszenen erkennen; die Frontseite zieren Ahnenwappen, darunter auch das Wappen der Familie Eltz.

Ein weiteres interessantes Möbelstück ist an der Südwand des Raums, zwischen den Türen zu den angrenzenden Räumen zu sehen. Dort steht ein dunkelbrauner Stollenschrank, der um 1560 in Köln angefertigt wurde. Ein Stollenschrank ist eine Mischung aus Truhe und Schrank: eine Truhe, die auf Stollen, also auf Beine, gestellt wurde, damit man sie so ohne Bücken öffnen kann. Auf der mit Schnitzereien verzierten Front des Stollenschranks sind biblische Szenen zu sehen, die die Geschichte Samsons darstellen.

In der nordwestlichen Ecke des Schlafgemachs verbirgt sich hinter einem Holzvorbau ein kleiner Toilettenerker. Seine hölzerne Innenausstattung stammt zwar aus dem 19. Jahrhundert, der Erker selbst geht aber noch auf die Zeit der Erbauung zurück. Toilettenschächte waren im Mittelalter manchmal hölzern, manchmal wie hier gemauert und führten von den Toilettenerkern an der Hauswand herunter, bevor sie in Bodenhöhe in eine Grube mündeten. Um die Schächte zu reinigen, war es üblich, das Regenwasser der Dächer durch die Schächte zu leiten und so für eine einfache Vorform der Wasserspülung zu sorgen. Anstelle des Toilettenpapiers benutzte man im Mittelalter – laut einer Züricher Handschrift aus dem 15. Jahrhundert – Heu oder Kohlblätter. Auf Burg Eltz gibt es insgesamt zwanzig Zimmertoiletten – wie die große Anzahl der Kamine ein Beleg für ihren hohen Wohnkomfort.

Ankleidezimmer mit Wandmalereien aus dem 15. Jahrhundert

Ankleidezimmer und Schreibzimmer

An das Rübenacher Schlafgemach grenzen zwei kleinere Räume. Das Ankleidezimmer auf der rechten Seite ist ähnlich wie das große Schlafgemach mit gut erhaltenen spätgotischen Malereien ausgestattet. Sie bedecken Wände und Decke, ja sogar die Fensternische, den Treppenturm und den Kamin. Farblich erinnern sie durchaus an das Schlafgemach, denn auch hier dominiert grünes Rankenwerk mit bunten Früchten und Blüten. In die Ranken eingeflochten sieht man im Ankleidezimmer aber auch figürliche Szenen. Rechts des Fensters erkennt man zum Beispiel einen Ritter und eine Frau mit zwei Begleiterinnen, die alle in der Mode des 15. Jahrhunderts gekleidet sind (Abb. S. 58). Über der männlichen Figur kann man »Anno Domini 1451« lesen, über der

weiblichen Figur »Jutta von Eltz Herren Lanzelots Hausfrau«. Links des Fensters sieht man ein ähnliches, bunt gekleidetes Paar mit dem Text »Wilhelm Herr zu Eltz« und »Katharina Blankartin von Ahrweiler«. An der Südwand schließlich reicht ein Ritter einer Dame in einem höfischen Kleid gerade einen Ring; zwischen beiden steht ein schlanker Baum, der wohl einen Lebensbaum darstellen soll (Abb. Rückseite).

Das Mobiliar des Raums stammt aus dem 19. Jahrhundert. Es besteht aus einem neugotischen Schubladenschrank auf der linken Seite und zwei Tischen, darunter rechts ein einfacher Waschtisch mit Waschutensilien. Wie diese Ausstattung so geht auch die von den Modedarstellungen an den Wänden inspirierte Bezeichnung des Raums als Ankleidezimmer sicher erst auf das 19. Jahrhundert zurück.

In der Mode des 15. Jahrhunderts gekleidete Figuren in den Wandmalereien im Ankleidezimmer

Wandmalereien im Schreibzimmer mit figürlichen Darstellungen, welche die Kinder des Grafen Karl zu Eltz zeigen

Schreibzimmer mit Wandmalereien aus dem 19. Jahrhundert

Das gemütliche, holzvertäfelte Schreibzimmer direkt nebenan ist ganz ein Produkt der Romantik. Als Karl Graf zu Eltz-Kempenich im 19. Jahrhundert Burg Eltz restaurieren ließ (vgl. S. 30), da stellte er zur Instandsetzung der Wandmalereien im Schlafgemach und im Ankleidezimmer den Maler Eduard Knackfuß an, dessen Vater lange für die Familie Eltz gearbeitet und auf Burg Eltz gewohnt hatte. Während es bei diesen beiden Räumen nur

um die Bewahrung der vorhandenen Malereien ging, ließ Graf Karl das kleine, zum Innenhof weisende Schreibzimmer für seine Ehefrau, Gräfin Ludwine, neu einrichten und gestalten. »Es handelte sich für mich zunächst um die Ausführung einer besonderen, vom Grafen gefaßten Idee«, schreibt der Maler in seinen Lebenserinnerungen über diesen Auftrag: »Ein an sich schon sinniges und behagliches, mit Holztäfelung an den Wänden bekleidetes Erkerstübchen

Der Maler Eduard Knackfuß widmete seine Wandmalereien im Schreibzimmer der Burgherrin, 1881

dachte er sich ausgeschmückt in der Art einer spätgotischen Wanddekoration in einer nach dem Erzbischof Wolf Dietrich benannten Stube des alten Erzbischöflichen Schlosses zu Salzburg, wovon er zu dem Zwecke Aquarell-Kopien in kleinem Maßstabe hatte anfertigen lassen. Diese Salzburger Malereien wiesen ein phantastisches, stilisiertes grünes Rankenwerk mit großen bunten Blumen auf dunklem, fast schwarzen Grunde auf. Einzelne kleine Figuren waren eingefügt. Nach Maßgabe der ornamentalen Formationen hatte ich nun nach eigener Erfindung die zu schmückenden Wandfelder in stetigem Wechsel durch freie Komposition aufzufüllen. Dem figürlichen Element dachte ich dabei eine größere Bedeutung einzuräumen, als es auf dem Vorbilde der Fall war«. Eduard Knackfuß, der zu diesem Zeitpunkt noch Student an der Düsseldorfer Kunstakademie war, verbrachte dann im Sommer 1881 längere Zeit auf Burg Eltz, um die Malereien auszuführen. Er tat dies in einem Stil, der die dekorative Rankenornamentik des Schlafgemachs aufgreift und sie mit Porträts des Grafen Karl und seiner Kinder ergänzt: *»der Graf hatte den*

Wunsch, daß das Ganze möglichst heiter und freundlich aussehen sollte. Im Einvernehmen damit stellte mir mein Vater als Ziel eine Wirkung vor, die dem von der Sonne beschienenen Laub eines Buchenwaldes entspräche, durch das der blaue Himmel sichtbar wird. Im figürlichen Teil brachte ich die Glieder der gräflichen Familie in einer dem ornamentalen Charakter des Ganzen entsprechenden Weise zur Darstellung. Die Hauptwand zeigte die beiden Söhne des Grafen als Jäger in der Verfolgung des Wildes mit Spieß und Armbrust, gleich allen anderen Figuren in der Tracht des fünfzehnten Jahrhunderts. An den Seitenwänden fanden die Komtessen ihren Platz, teils in ganzer Figur, eine mit einem Falken, eine andere mit einer Laute, die übrigen als Halbfiguren aus Blumenkelchen herauswachsend«, schreibt Knackfuß.

Kurfürstenzimmer

Vom Rübenacher Schlafgemach führt eine Treppe in das benachbarte Groß-Rodendorfer Haus, wo man zunächst in das helle Kurfürstenzimmer kommt. Der ungewöhnliche, fünfeckige Grundriss dieses Raums zeigt, wie stark die Architektur der Burg von den natürlichen Gegebenheiten abhängig war. Man folgte beim Bau der Häuser ganz einfach der Form des Felsens, auf dem sie entstanden. Das Kurfürstenzimmer ist der einzige unter den der Öffentlichkeit zugänglichen Räumen, der beim Brand im Jahr 1920 zerstört wurde (vgl. S. 40). Sein Name soll darauf zurückgehen, dass hier vor dem Brand ein Sessel des Trierer Kurfürsten Jakob III. von Eltz stand. Heutzutage wird durch zwei Porträts an die beiden aus der Familie Eltz stammenden Kurfürsten erinnert. Neben dem erwähnten Jakob III. ist auf einem weiteren Bild Philipp Karl von Eltz zu sehen, der in der Mitte des 18. Jahrhunderts das Amt des Kurfürsten und Erzbischofs von Mainz innehatte und damit auch der Erzkanzler des Heiligen Römischen Reichs deutscher Nation war (vgl. S. 28–29).

Nach den mittelalterlich wirkenden Räumen des Rübenacher Hauses versetzt das Kurfürstenzimmer den Besucher in eine spä-

Kurfürstenzimmer mit Wandteppich von 1680

tere Zeit. Das Mobiliar sind ein mit gedrehten Säulen aufwändig verzierter, süddeutscher Schrank aus der Zeit des Barock, eine Renaissancetruhe aus dem 16. Jahrhundert und vier Stühle aus der Zeit des Rokoko. Diese mit schwungvollen, asymmetrischen Ornamenten gestalteten Stühle sind wahrscheinlich flämisch und stammen aus dem 18. Jahrhundert.

Der optische Mittelpunkt des Raums ist der große, in warmen Grüntönen gehaltene Bildteppich an seiner Rückwand. Er entstand um 1680 in der Werkstatt der Gebrüder von der Brüggen in Brüssel. Der Teppich stellt die Jahreszeit Herbst dar, die durch eine Jagdszene mit Hunden und einem aufbrechenden Jäger versinnbildlicht wird. An den abgebildeten Säulen lehnen Jagdwaffen wie Spieße und Saufedern. Darüber sind außerdem an einer Girlande die Früchte des Herbstes und ein Widderkopf als Symbol der Fruchtbarkeit zu sehen.

Rechts des Kamins hängt ein Kupferstich, der die Unterzeichnung des Westfälischen Friedens zeigt, an der ein Herr von Eltz als Vertreter des Trierer Kurfürsten teilnahm (Abb S. 27). In einer Wandnische weiter rechts ist außerdem eine Sammlung farbigen chinesischen Porzellans ausgestellt, das aus dem 18. und dem 19. Jahrhundert stammt. Links und rechts davon sieht man zwei kleine, aus Lindenholz geschnitzte Bildstöcke aus der Werkstatt der bayerischen Bildhauerfamilie Schwanthaler. Sie zeigen Christus am Ölberg und eine Kreuzabnahmeszene.

Rokokostühle im Kurfürstenzimmer

Rittersaal

Der Rittersaal ist der größte Raum der Burg. Er erstreckt sich über die gesamte Ausdehnung des Groß-Rodendorfer Hauses und konnte durch zwei offene Kamine beheizt werden. Die dunkelroten, mit dem Familienwappen bedruckten Wandbehänge sind neueren Datums, sie erinnern aber daran, dass es üblich war, die kalten Wände in derart großen, schwer zu erwärmenden Räumen mit Vorhängen abzuhängen, die halfen, die Raumwärme besser zu halten.

Der an seiner Ostseite durch vier große Fenster erhellte Saal diente als Fest- und Versammlungsraum für die Mitglieder der Ganerbengemeinschaft auf Burg Eltz (vgl. S. 11). Mehrere auf den ersten Blick leicht zu übersehende Symbole erlauben Einblicke in die Gebräuche der hier stattfindenden Beratungen. Unter dem schweren Querbalken

und auch in einigen Ecken des Raums sieht man zum Beispiel mehrere so genannte Narrenmasken, kleine Gesichter, die ein wenig an den Kopf eines Hofnarren erinnern. Sie weisen darauf hin, dass hier das Recht des freien Wortes galt, dass also jeder offen seine Meinung sagen konnte. Über der spitzbogigen Ausgangstür sieht man andererseits eine rote Schweigerose, die dazu ermahnt, nach dem Verlassen des Saals über Geschehenes und Gesagtes zu schweigen.

Auch die sonstige Ausstattung des Raums schafft eine feierliche, förmliche Atmosphäre. Unter der dunklen Balkendecke repräsentiert sich die Familie Eltz mit ihren eigenen und den Wappen verwandter adliger Familien. Auf einer Serie von 15 Tafelbildern an der Fensterfront werden Szenen aus dem Alten Testament dargestellt. Diese Gemälde, die früher einmal in der Burgkapelle hingen, zeigen u. a. den Kampf Davids gegen Goliath und Daniel in der Löwengrube.

Die Einrichtung des Saals mit Rüstungen, Waffen und anderem Kriegsgerät ist eine Idee

Modellkanonen im Rittersaal

Der Rittersaal diente als Fest- und Versammlungsraum.

der Romantik. Genau wie im Fall der Eingangshalle des Rübenacher Hauses, die erst im 19. Jahrhundert in eine Waffenhalle umgewandelt wurde, hat man auch den großen Versammlungsraum im Zuge der Restaurierungsarbeiten dieser Zeit umgestaltet. An der Fensterfront stehen seitdem drei Rüstungen aus dem 16. Jahrhundert. Besonders gut erhalten ist die so genannte Maximilianische Rüstung in der Mitte. Der Name dieses Rüstungstyps geht auf Kaiser Maximilian I. zurück, der auch der »letzte deutsche Ritter« genannt wurde. Das im Rittersaal auf Burg Eltz zu sehende Exemplar entstand um 1520 und soll Johann Anton zu Eltz aus der Linie vom goldenen Löwen gehört haben. Die auffallend riffelartige Form des Harnischs sollte die Rüstung besonders stabil machen und ihren Träger so möglichst optimal schützen. Ein Nachteil war aber das enorme Gewicht solcher Rüstungen. Sie waren um die 60 Pfund schwer und belasteten so ihren Träger. Er konnte in seiner Rüstung zum Beispiel nicht ohne fremde Unterstützung auf sein Pferd

aufsteigen – dazu waren mehrere Helfer oder sogar eine Seilwinde nötig, mit der man ihn auf das Ross hinauf hievte.

Im hinteren Teil des Rittersaals steht vor dem rechten Kamin eine Reihe kleiner Modellkanonen, die echten, im Kampf eingesetzten Kanonen nachgebaut wurden und voll funktionsfähig sind. Solche Modelle wurden von Kanonengießern gebaut, um ihren Kunden so verschiedene Kanonentypen in Minia-

Narrenmaske im Rittersaal

63

Detail des Wandteppichs im Rittersaal, der um 1700 in der königlichen Manufaktur Gobelin in Paris entstand

turform vorführen zu können. Sie wurden später vermutlich für Begrüßungs- und Böllerschüsse abgefeuert. Daneben sieht man außerdem drei eiserne, tresorartige Metallkisten aus dem späten 16. Jahrhundert. In ihren schweren Deckeln werden von dem in der Mitte befindlichen Schloss ausgehend mit einem einzi-

Der Wandteppich zeigt den griechischen Sonnengott Helios bei einem Fest.

gen Schlüssel bei einer einfachen Drehung bis zu sieben Riegel gleichzeitig bewegt. Genau gegenüber hängt an der anderen Seite des Saals ein großes Porträt, das Kaiser Leopold I. zeigt und daran erinnern soll, dass die Mutter des heutigen Besitzers der Burg Eltz eine Nachkommin des Hauses Habsburg ist.

Schließlich ist im Rittersaal ein weiterer großer Bildteppich zu sehen. Der in leuchtenden Farben gestaltete, bunte Wandteppich entstand um 1700 in der königlichen Manufaktur Gobelin in Paris und zeigt eine Szene aus der griechischen Sagenwelt, nämlich ein Nachtmahl des griechischen Sonnengottes Helios mit seiner Frau und Schwester, der Mondgöttin Selene, inmitten der neun Musen. Dieses antike Motiv hatte in einer Zeit, in der sich der König von Frankreich auch Sonnenkönig nannte, zugleich einen aktuellen Bezug, zumal auch die dargestellten Speisen, die Geräte und Gebäudeteile eher an die Herstellungszeit als an die Antike erinnern. Die

Wendeltreppe im Groß-Rodendorfer Haus

Das Engelszimmer ist im Stil der Romantik als Jagdzimmer ausgestattet.

auf dem Teppich abgebildete Szene könnte sich auch an einem barocken Fürstenhof abspielen.

Über eine Wendeltreppe geht es vom Rittersaal eine Etage nach unten. Wendeltreppen, die auf Burg Eltz entweder aus grauem Basalt oder – wie im Fall der vom Rittersaal nach unten führenden Treppe – aus rötlichem Sandstein konstruiert sind, waren aus mehreren Gründen die übliche Form des Aufgangs in Burgen. Die in einer völlig natürlich wirkenden Schneckenform gebauten Treppen sind äußerst stabil und platzsparend. Wichtig war aber auch, dass sie die Verteidigung des Gebäudes erleichterten. Da sie sich – zumindest vor 1700 – immer von oben rechts nach unten links drehten, konnte der von oben kommende Verteidiger der Burg sein Schwert in der rechten Hand halten und frei bewegen, während der von unten kommende Angreifer kaum Platz zum Ausholen hatte und somit im Kampf deutlich benachteiligt war.

Engelszimmer und Wamboldtzimmer

In der Etage unter dem Rittersaal kommt man zunächst in einen schmalen, dunklen Fachwerkgang, der zum so genannten Engelszimmer führt. Sein aus Eiche und Nadelholz bestehender, geometrisch gestalteter Boden ist 1984 nach vorgefundenen Fragmenten rekonstruiert worden. Im Gegensatz zum festlichen Rittersaal kann man sich leicht vorstellen, dass hier wirklich einmal jemand gelebt hat, denn der Holzboden und die darauf liegenden Bärenfelle verleihen dem Raum eine ausgesprochen wohnliche Atmosphäre. Er ist dem Stil der Romantik entsprechend als Jagdzimmer ausgestattet. Neben unterschiedlichen Trophäen – darunter das gewaltige Geweih eines Elchs, den ein Mitglied der Familie Eltz Anfang des 20. Jahrhunderts in Alaska erlegte – ist eine Jagdwaffensammlung aus dem 18. und 19. Jahrhundert zu sehen. Zum Mobiliar zählt u. a. ein Tisch aus dem 18. Jahrhundert, der vielleicht einmal als Spieltisch diente. Er ist mit kunstvollen Holzeinlegearbeiten dekoriert, die zum Thema des Raumes passend Land- und Jagdmotive zeigen. Wie in anderen Räumen hängt auch im Jagdzimmer über der Feuerstelle ein Kaminvorhang. Solche gewebten, dekorativen Vorhänge zierten in den Sommermonaten die Feuerstellen, so lange sie nicht benutzt wurden.

Hell und freundlich wirkt das sich anschließende Wamboldtzimmer, dessen Name an die Familie Wamboldt zu Umstadt erinnert. Im Lauf der Jahrhunderte gab es gleich mehrere Ehen zwischen Mitgliedern der Familien Wamboldt und Eltz. Der Raum ist heute als Arbeitszimmer einer Hausfrau gestaltet. So kann man u.a. eine Wäschepresse, ein Spinnrad und ein Haspel – ein Gerät, auf dem man das Garn aufwickelte – aus dem 18. Jahrhundert sehen. Vier schlichte süddeutsche Stühle aus dem 17. Jahrhundert stehen um einen Tisch, dessen Platte aus reich verziertem Kalkstein besteht. Neben einem feinen, in den Stein geätzten Muster ist auf der hellen Platte auch die Jahreszahl 1703 zu sehen. Ein mit Holzeinlegearbeiten gestalteter

Im Wamboldtzimmer

Schrank aus Ulm und ein barocker Stollenschrank ergänzen die Einrichtung des Zimmers. An den Wänden hängen mehrere kleine Porträts, die Familienmitglieder zeigen.

Comtessenzimmer

Direkt nebenan befindet sich das Comtessenzimmer. Trotz der dicken Mauern und der relativ kleinen Fenster fällt viel Licht in diesen weiß gestrichenen Raum (Abb. S. 68). Mit Lehm verputzte und mit einem Kalkanstrich versehene Holzdecken und Wände waren in der Entstehungszeit der Burg schon üblich. Man wollte so nicht nur die Räume heller gestalten, sondern vor allem auch das schnelle Ausbreiten eines Brandes vermeiden. Auch der Boden des Comtessenzimmers ist mit einem lehmartigen Kalk-Estrich bedeckt, der rot gestrichen wurde.

Die Bezeichnung als Comtessenzimmer – oder auch Kinderzimmer – ist sicher neueren Datums und bezieht sich auf die Kinderbilder, die den Raum dekorieren. Sie stammen aus dem 18. Jahrhundert und zeigen Kinder aus

Kinderporträt im Comtessenzimmer

Keramiksammlung im Comtessenzimmer

der Familie Eltz. Der Mode der Zeit entsprechend wurden die Kinder in völlig erwachsen wirkender Kleidung und zumeist in steifen, gekünstelten Posen gezeigt. Auf dem Porträt eines kleinen Mädchens, das man rechts über der Tür zum Wamboldtzimmer sieht, wird sie zum Beispiel als Schäferin dargestellt. Neben den Kinderbildern gibt es zwei weitere Indizien, die darauf hinweisen, dass in diesem Raum wirklich einmal Kinder gelebt haben. Zum einen kann man in der rechten Fensternische sehen, dass auf die großen Fenster-

bänke eine zweite Ebene Fensterbänke aufgebaut worden sind. Diese sind so winzig, dass auf ihnen nur kleine Kinder sitzen konnten. Zum andern erkennt man in der hinteren, rechten Ecke des Raumes eine schmale rote Stiege, die in ein anderes Schlafzimmer führt – vielleicht einmal das Eltern- oder Ammenschlafzimmer.

Unter den Möbelstücken des Comtessenzimmers fällt besonders das in gedeckten Farben bemalte Brautbett auf, das um 1525 im Raum Würzburg hergestellt wurde. Es gilt als ältestes Renaissancebett in Deutschland und ist mit einer Länge 2,05 Metern und einer Breite von 1,45 Metern ungewöhnlich groß. Außerdem sieht man eine Kinderwiege aus dem 18. Jahrhundert, eine süddeutsche Truhe aus derselben Zeit und zwei spanische Wände, die aus einem in verschiedenen Grüntönen gestalteten Wandteppich aus dem 16. Jahrhundert gefertigt wurden. In einer großen Nische in der zum Innenhof weisenden Wand ist eine Keramiksammlung ausgestellt. Die Krüge sind bis zu 400 Jahre alt und wurden in verschiedenen Zentren der mitteleuropäischen Keramikpro-

Comtessenzimmer mit bemaltem Brautbett, um 1525

duktion hergestellt, u.a. in Siegburg, Frechen, Raeren, Creusen, Delft und im Westerwald.

Etwas fehl am Platz wirkt im Comtessenzimmer auf den ersten Blick ein Brustpanzer, der zusammen mit einem Handschuh und einer Streitaxt in der linken Raumecke über dem Zugang zum Toilettenerker hängt. Dieser Panzer soll einer Tochter aus dem Hause Eltz gehört haben, die die Hauptperson der einzigen Sage ist, die aus der Geschichte von Burg Eltz überliefert ist. Der Historiker Friedrich Wilhelm Roth gibt diese Sage in seinem Werk *Geschichte der Herren und Grafen zu Eltz* folgendermaßen wieder:

»Zu unbekannter Zeit hatte sich ein Herr zu Braunsberg mit Agnes Tochter zu Eltz verlobt und ward das Fest zu Eltz im Rittersaale mit Mahl und Wein begangen. Agnes weigerte sich, den betrunkenen Bräutigam zu küssen, was der Braunsberger übel aufnahm und die Fehde erklärte. Lange scheiterte jeder Versuch, denen zu Eltz zu schaden, an deren guter Wacht. Als aber einst der Vater Agnesens auf die Jagd geritten, überfiel der Braunsberger zwar mit seinen Mannen die Burg, konnte aber nicht eindringen, da Agnes die Vertheidigung mit den vorhandenen Knechten auf's Beste leitete. Voll Grimm erschoss er seine ehemalige Braut mit dem Gewehre. Er selbst soll zur Strafe keine Ruhe nach dem Tode gefunden haben und allnächtlich Agnesens Grabhügel umirren«.

Bei dem im Comtessenzimmer zu sehenden Handschuh soll es sich um den Fehdehandschuh handeln, den der Braunsberger Ritter Agnes' Vater als Kriegserklärung vor die Füße warf, und der Brustpanzer soll ein Teil der Rüstung gewesen sein, in der Agnes bei der Verteidigung der Burg Eltz starb.

Kachelofen von 1881 im Fahnensaal

Fahnensaal

Vom Comtessenzimmer geht es wiederum über eine Wendeltreppe nach unten, bis man im Erdgeschoss in den Fahnensaal kommt. Über den Namen dieses stimmungsvollen und mit einem spätgotischen Gewölbe aufwändig gestalteten Raums heißt es, dass er auf das späte 19. Jahrhundert zurückgeht. Nach den

damaligen Restaurierungsarbeiten sollen hier für einige Jahre Beutefahnen aus dem deutsch-französischen Krieg von 1870/71 ausgestellt gewesen sein. Auch die Funktion des Raums ist nicht völlig klar. Einerseits könnten das kunstvolle Gewölbe und ein nach Osten ausgerichteter kleiner Erker die Vermutung nahelegen, dass er einmal als Kapelle genutzt wurde oder zumindest als solche geplant war. Auch die

Netzgewölbe im Fahnensaal

Tatsache, dass es sich bei den beiden Wappen-schilder tragenden Figuren links und rechts des Erkers um Engel handelt, würde diese Theorie unterstützen. Andererseits ist der Saal aber wie ein Wohnraum ausgestattet, und auf-wändig gestaltete Gewölbe kamen in den Wohnräumen wohlhabender Familien durch-aus vor. Der Maler Eduard Knackfuß, der sich in den 1880er Jahren während der großen Res-taurierungsarbeiten häufig auf Burg Eltz auf-hielt, schreibt in seinen Lebenserinnerungen, dass der Fahnensaal als Esszimmer genutzt wurde, wenn sich der damalige Besitzer, Karl Graf zu Eltz, auf der Burg aufhielt.

Jedenfalls gibt das spätgotische Sternge-wölbe diesem Raum ein besonders elegantes, vornehmes Aussehen. Die steinernen Rippen haben nicht nur eine dekorative, sondern vor allem auch eine statische, tragende Funktion. Sie wurden beim Bau als erstes Element des Gewölbes von außen auf ein Gerüst gelegt und dann durch das Gewicht der Schlusssteine von oben zusammengedrückt. Das Baugerüst konnte dann entfernt werden, bevor man die

Räume zwischen den einzelnen Rippen aus-füllte. Sie sind im Fahnensaal mit einfachen Blumen- und Rankenmustern dekoriert. Auf den beiden Schlusssteinen im Zentrum des Gewölbes kann man die Wappen der Familie Eltz und eingeheirateter Familien erkennen. Ein Wappen, das im Gewölbe, über dem Kamin und auch im Erker auffällt, besteht aus einer gezackten roten Linie. Es handelt sich dabei um das Wappen der Familie Pyrmont, das hier wiederholt auftaucht und an Elisabeth von Pyrmont erinnert. Sie war die Ehefrau Philipps von Eltz, der das Groß-Rodendorfer Haus erbauen ließ.

Aus der Erbauungszeit dieses Gebäudeteils stammt neben dem Gewölbe auch der Fuß-boden. Unter den schlichten, rötlichen Tonka-cheln, die mit einfachen, nur noch an wenigen Stellen zu erkennenden gotischen Ornamen-ten verziert sind, befinden sich sogar einige, die auf das 13. Jahrhundert zurückgehen und hier ein zweites Mal verlegt wurden.

An der Ostseite des Fahnensaals ragt ein teilweise vertäfelter Erker nach außen, in dem sich eine gemütliche Sitzecke aus Bänken und einem kleinen Tisch befindet. Diese Holzaus-stattung wurde in den 1880er Jahren einge-baut, die Fenster im Erker sind aber noch aus der Erbauungszeit. Die bunte Glasmalerei stellt den heiligen Georg im Kampf mit einem

Glasbild des heiligen Georg

Drachen dar – in Burgen ein beliebtes Motiv, da er der Schutzpatron der christlichen Ritterschaft war. Direkt neben dem Erker ist eine Konsoluhr aus dem 16. Jahrhundert zu sehen.

Ein wirkliches Prunkstück ist der bunte Kachelofen an der Nordwand des Fahnensaals (Abb. S. 69). Er wurde 1881 im Auftrag des Grafen Karl zu Eltz nach dem Vorbild eines fast identischen Ofens im Germanischen Nationalmuseum in Nürnberg hergestellt. Wie der in Nürnberg ausgestellte Ofen aus dem Jahr 1540 zeigt auch der Eltzer Kachelofen in regelmäßig wiederkehrender Reihenfolge die vier Evangelisten. Die Wappen zwischen den Evangelistenfiguren wurden allerdings geändert und durch diejenigen der Familie Eltz und verwandter Familien ersetzt. Der Kachelofen konnte von nebenan, von der Küche des Groß-Rodendorfer Hauses aus, beheizt werden.

Rodendorfer Küche

Die Küche, die den letzten Raum der Burgführung bildet, ist nur eine von mindestens drei Küchen auf Burg Eltz. Die Häuser der einzelnen Linien hatten jeweils eigene Küchen, die die insgesamt etwa hundert Burgbewohner versorgten. Wegen des ständigen Gebrauchs der Geräte, sind hier – wie auf anderen Burgen – kaum Küchengegenstände aus dem Mittelalter erhalten geblieben. Nur die große, einfache Holztruhe rechts des Eingangs, die als Mehlkiste genutzt wurde, geht noch auf die Erbauungszeit dieses Gebäudeteils, auf das 15. Jahrhundert, zurück. Die weiteren Einrichtungsgegenstände und Utensilien, die heute in der Rodendorfer Küche zu sehen sind, stammen aus dem 18. und 19. Jahrhundert. Sie sind aber so ausgewählt und zusammengestellt worden, dass die Küche insgesamt ihren spätmittelalterlichen Charakter bewahren konnte.

Der Raum ist durch und durch zweckmäßig ausgestattet. Der schlichte, graue Steinboden ließ sich leicht reinigen. In die gewölbte Decke sind eiserne Ringe eingelassen, an denen man wertvolle Lebensmittel – wie geräuchertes oder gepökeltes Fleisch – aufhängen konnte, um sie so vor Ungeziefer wie Ratten und Mäusen zu schützen. Weitere Vorräte befanden sich in Fässern, einfachen Gefäßen und Vorratskammern – in einen solchen kleinen Lagerraum kann man an der linken Wand der Küche hineinschauen. Das Salz bewahrte man in kleinen Wandnischen in der Nähe des Kamins auf, um es so trocken zu halten. Ein praktischer Aufbewahrungsort für verderbliche Lebensmittel war der Wandschrank in der gegenüberliegenden Ecke der Küche. In die fast zwei Meter dicken, kühlen Steinwände eingelassen, war diese mit einer Holztür zu schließende Nische fast eine Art Kühlschrank, in dem man zum Beispiel frisches Gemüse lagern konnte.

Das Essen wurde auf einer großen Feuerstelle zubereitet. Wegen ihrer enormen Ausdehnung konnte hier nicht nur ein Gericht gekocht, sondern gleichzeitig auf mehreren Feuern gebraten und geröstet werden. Der über der Feuerstelle zu sehende Kupferkessel hängt an einem Kesselhaken. Mit solchen gezackten Haken konnte man die Höhe der Töpfe über dem Feuer verstellen und so die Kochtemperatur regulieren. Weitere Töpfe wurden auf Gestellen direkt an das Feuer gestellt. Es gab keine separate Backstube, sondern nur einen großen Backofen direkt neben der Feuerstelle. Er ist mit grauem Tuffstein ausgemauert, einem vulkanischen Gestein, das Hitze sehr gut speichert. Der Ofen wurde mit Holz und Reisig gefüllt, diese wurden abgebrannt und die Asche entfernt. Die verbleibende Resthitze nutzte man dann zum Backen des Brots.

Neben Brot gehörten Rüben und Kohl zu den mittelalterlichen Hauptnahrungsmitteln. In wohlhabenden Haushalten wie auf Burg Eltz wurden aber auch Fleisch und Fisch zubereitet. Das den Adligen vorbehaltene Jagdrecht und der die Burg umfließende Elzbach sicherten die Versorgung mit Wild und Fisch. Außerdem befanden sich südlich der Burg Stallungen, in denen Vieh gehalten wurde. Das Fleisch wurde vor der Zubereitung auf einem schweren Hauklotz zerlegt, den man auch heute noch an der rechten Wand der Küche sehen kann.

Hinter diesem Eichenklotz ist ein Spülstein mit einem Ausguss zur Entsorgung des Koch- und Spülwassers in die Fensternische eingebaut. Das Wasser musste man aus dem Kempenicher Haus herübertragen, wo sich der einzige Brunnen auf Burg Eltz befindet.

Im hinteren Teil der Küche sieht man rechts der Feuerstelle eine Gesindeecke mit neugotischen Stühlen und einem Tisch, an dem das Küchenpersonal aß. Direkt daneben sind einige Bronze- und Steinmörser ausgestellt, die zum Zerstoßen von wertvollen Gewürzen und ebenso teurem Zucker benutzt wurden.

Kapelle

Wenn man nach der Burgführung die Küche durch den Ausgang des Groß-Rodendorfer Hauses verlässt, befindet man sich fast direkt neben dem Eingang zur Burgkapelle, die – etwas versteckt – zwischen dem Haus und dem Durchgang liegt, der herunter zum Tor führt. Man kann sie über eine schmale Treppe an der rechten Seite dieses Durchgangs erreichen.

Man weiß nicht genau, wann auf Burg Eltz eine erste Kapelle errichtet wurde. Es ist allerdings urkundlich überliefert, dass im frühen 14. Jahrhundert bereits eine Burgkapelle existierte, die im Jahr 1327 einen neuen Altar erhielt. Friedrich Wilhelm Roth berichtet darüber in seiner *Geschichte der Herren und Grafen zu Eltz*: *»Bischof Arnold von Kamin, der Sohn des Wilhelm zu Eltz, befand sich am 20. August 1327 auf Eltz und beurkundete, dass er an diesem Tage mit besonderer Erlaubniss des Erzbischofs Baldewin von Trier den Altar in der Burgcapelle zu Ehren der heiligen Dreifaltigkeit, des heil. Kreuzes, Marias und der Heiligen, insbesondere des heil. Pancratius und der heil. Katherine, des heil. Andreas und Jacobus des Aelteren, deren Reliquien in dem Altare eingeschlossen, begabte und weihte. Zugleich erteile er mit Genehmigung Erzbischofs Baldewin allen, die vom Tage der Weihe an den einzelnen Tagen des nächsten Monats und sodann an den letzten Tagen der einzelnen Monate des ersten Jahrs sowie später am Jahrestage der Weihe gebeichtet, vierzig Tage Ablass«.*

Anna Selbdritt im Seitenschiff der Burgkapelle

Obwohl ein großer Teil der Einrichtung der Burgkapelle aus späteren Jahrhunderten stammt, beweist ein gotisches Weihekreuz aus Tuffstein, das in den Mittelpfeiler auf der linken Seite des Hauptschiffs eingelassen ist, dass es sich bei ihr um die ursprüngliche Kapelle handeln muss, auf die sich Roth in der zitierten Passage bezieht. Sie ist allerdings seit 1327 mehrfach umgebaut und restauriert worden. An einen solchen Umbau erinnert zum Beispiel die Jahreszahl 1664 im Altarerker.

Nach dem dunklen, engen Aufgang wirkt der freundliche Raum der Kapelle mit mehreren Fenstern und einer weißen Decke überraschend hell. An das längliche Hauptschiff schließt sich links ein unregelmäßiges Seitenschiff an. Dieser ungewöhnliche Grundriss erklärt sich aus den natürlichen Gegebenheiten – die Form des Raums wurde ganz von dem Felsen bestimmt, auf dem er entstand.

Auf seinem schlichten Basaltboden stehen Eichenbänke, die etwa dreißig Personen Platz bieten. Der Altar steht in einem kleinen Erker, dessen Fenster mit gotischem Maßwerk verziert sind.

Das schönste Kunstwerk der Kapelle befindet sich im Seitenschiff. Ein spätgotischer Flügelaltar birgt eine bunt bemalte Holzfigur, bei der es sich um eine so genannte Anna Selbdritt handelt, d.h. Anna, die Mutter Marias, zusammen mit Maria und dem Jesuskind, die beide auf ihrem Schoß sitzen. Die hölzernen Flügeltüren sind mit Gemälden verziert, die links die heilige Margarethe zeigen, rechts die heilige Gertrud in der Tracht einer Benediktinerin. Die edlen Monstranzen und andere kirchliche Gegenstände, die in der Burgkapelle benutzt wurden, sind heutzutage mit weiteren Kostbarkeiten aus dem Besitz der Familie Eltz in der Schatzkammer zu sehen.

Die Empore an der Rückwand der Kapelle ist vom Rodendorfer Haus aus zugänglich. Eine kleine Treppe in der hinteren Ecke verbindet die Kapelle außerdem mit dem höher gelegenen Kaplanszimmer, das heute als Sakristei dient und früher vermutlich einmal den Priester beherbergte. In der Blütezeit der Burg lebte immer ein Kaplan auf Burg Eltz. Dies ist heutzutage zwar nicht mehr der Fall, in der Burgkapelle werden aber bei Festen und Familienfeierlichkeiten immer noch Gottesdienste gefeiert. So fand zum Beispiel die Vermählung des heutigen Burgbesitzers Karl Graf von und zu Eltz-Kempenich mit seiner Ehefrau Gräfin Sophie von Schaffgotsch in der Kapelle auf Burg Eltz statt.

Kreuzigungsgruppe auf dem Altar der Kapelle

Keller der Kostbarkeiten: Die Schatzkammer

Bei einer Führung durch die Innenräume von Burg Eltz besichtigt man die Wohnräume, sieht viel Mobiliar, Teppiche, Gemälde und auch einige Waffen, was aber fehlt, sind viele der kleineren Gegenstände des Lebens wie zum Beispiel Schmuck, Tischuhren, Trinkgefäße, Besteck, Münzen oder Kerzenleuchter. Während solche Kostbarkeiten und Kunstwerke früher aus Sicherheitsgründen nicht gezeigt werden konnten, sind sie heutzutage in den unteren Geschossen des Rübenacher Hauses ausgestellt. Dort wurde im Rahmen der Renovierungsarbeiten der 1970er und der frühen 1980er Jahren ein aus fünf Räumen bestehender und sich über vier Etagen erstreckender Kellerkomplex restauriert und als Museum ausgebaut. Es wurde 1981 vom damaligen Bundespräsidenten Karl Carstens eröffnet und bietet seitdem Besuchern die Möglichkeit, sich über 500 Ausstellungsstücke aus dem 12. bis 19. Jahrhundert anzusehen. Sie alle gehörten Mitgliedern der Familie Eltz und wurden in der Regel zum alltäglichen Gebrauch erworben.

Große Halle

Der erste Raum der Schatzkammer, in den man über eine kurze Treppe gelangt, ist eine helle, geräumige Halle mit einem Boden aus grauem Basaltstein und einer verputzten Balkendecke, die von zwei Steinsäulen getragen wird. Der Raum, von dessen Fenstern aus man einen schönen Blick in das westliche Elztal hat, liegt unter dem Rübenacher Untersaal, einem der Hauptwohnräume der Burg, den man während der Burgführung zu sehen bekommt.

Beim Betreten der großen Halle sieht man in ihrer Mitte sofort eines der auffälligsten Ausstellungsstücke, eine 1,10 Meter hohe Statue, die den heiligen Johannes von Nepomuk zeigt. Die barocke Figur ist in Silber getrieben und teilweise vergoldet. Sie wurde 1752 von dem bekannten Silberschmied Franz Christoph Mäderl in Augsburg gefertigt und steht auf einem etwa 40 cm hohen, schwarz lackierten und reich verzierten Sockel, auf dem sich

Silberstatue des heiligen Johannes von Nepomuk, 1752

das Wappen der Stifter befindet. Johannes von Nepomuk, der manchmal auch der schweigende Märtyrer genannt wird, weil er sich weigerte, das Beichtgeheimnis zu brechen, ist allgemein als Brückenheiliger bekannt. Seit der Verbindung der Familien Eltz und Faust von Stromberg (vgl. S. 29) ist er der Schutzpatron des Hauses Eltz und jedes männliche Familienmitglied trägt traditionell auch seinen Namen. Die Silberstatue hat auf der Rückseite des Heiligenscheins eine Inschrift, die daran erinnert, wie sie in den Besitz der Familie Eltz gekommen ist: »*Anno 1752 haben diese bildtnus des heyligen joannis von nepomuk vor die familie zur verehrung machen lassen anselm casimir frantz graff und edler Herr von Eltz Kempenich chur-mayntzischer und trierischer geheimbliche Ratth, Obrist Cammerer und Erbmarschall mit seiner Gemahlin Maria Joanna Freyin Faust von Stromberg letztere des Stames mit dem ausdrücklichen Vorbehalt das nimer mehr aus der familie von Eltz diese bildtnus abgeben werden solle wieget ahn Silber 65 Marck/gekost/das Marck 15 Rthlr macht in geldt 1565 gulden Rheinisch*«.

In den ersten Vitrinen, die auf der rechten Seite des Raums zwischen den Fenstern hängen, sind vor allem Gegenstände zu sehen, die aus dem persönlichen Besitz des Kurfürsten und Erzbischofs von Mainz, Philipp Karl zu Eltz, stammen. In der ersten Vitrine sieht man zum Beispiel oben eine Miniatur von 1740, die ein Porträt des Kurfürsten zeigt, einen Sextant, der 1735 in Dresden hergestellt wurde, und ein vergoldetes Pulvergefäß aus gegossenem Silber. Das flache Relief auf seiner Vorderseite zeigt eine Reiterschlacht, die den Sieg des Christentums über die Osmanen darstellt. Ein gläsernes medizinisches Instrument diente zum Aderlass; auf dem dazugehörigen Etui kann man das kurfürstliche Wappen Philipp Karls erkennen. Besonders ungewöhnlich sind die beiden Ringe, die in der Mitte der Vitrine ausgestellt sind. Sie wurden um 1730 in Idar-Oberstein für den Kurfürsten hergestellt. Die beiden aus vergoldetem Silber angefertigten Fassungen sind der schlichte Rahmen für 49 farbige Wechselsteine, die sich nach Lust und Laune austau-

Ringe mit auswechselbaren Steinen

schen und so farblich auf die jeweilige Kleidung abstimmen ließen. Ebenfalls aus Idar-Oberstein stammen ein Messer und eine Gabel mit aus Achat geschnittenen Griffen. Im unteren Teil der Vitrine sind Reiseutensilien Philipp Karls ausgestellt: eine vergoldete Schüssel mit Deckel und Unterteller sowie ein Reisebesteck, das aus einem Elfenbeinlöffel, einem Messer und einer Gabel mit Elfenbeingriffen besteht. Links ist außerdem ein Degen zu sehen, rechts ein Stock des Kurfürsten, in dessen Knauf eine herausklappbare Uhr eingearbeitet ist. Den aus Silber getriebenen und vergoldeten Knaufdeckel ziert wiederum das kurfürstliche Wappen, das aus buntem Email gearbeitet ist.

Die Gegenstände in der zweiten Vitrine stammen ebenfalls aus dem Besitz Philipp Karls und vermitteln einen Eindruck von Kunstsinn und Frömmigkeit des Kurfürsten. Oben sind zunächst zwei spätbarocke Reisealtärchen ausgestellt. Man muss sehr genau hinsehen, um zu erkennen, mit welcher Sorgfalt und Liebe zum Detail diese nur wenige Zentimeter hohen Altärchen gearbeitet sind.

Spätbarockes Reisealtärchen aus dem Besitz des Kurfürsten Philipp Karl

Glassammlung, u. a. mit Wappengläsern aus dem Besitz des Kurfürsten Philipp Karl

Meisterhafte Goldschmiedearbeiten sind mit Brillanten, Rubinen und anderen Edelsteinen kombiniert. Unter geschliffenen Bergkristallscheiben erkennt man auf Elfenbein gemalte Miniaturen. Das Bild des linken – kleineren – Altars wird von Silbersäulen, das Bild des rechten Altars von vier rötlichen Achatsäulen flankiert (Abb. S. 79). Außerdem sieht man in derselben Vitrine ein Messbuch des Kurfürsten, das in rotes Leder gebunden ist, eine kleine Madonnenstatue aus vergoldetem Silber und einen Kelch, der um 1730 in Salzburg hergestellt wurde, ebenfalls aus vergoldetem Silber besteht und mit Emailarbeiten verziert ist.

Auch die dritte Vitrine birgt in erster Linie sakrale Gegenstände. Oben hängt ein Teil eines mit Applikationen geschmückten rotgoldenen ungarischen Chormantels (ca. 1730). Darunter sind eine winzige Miniatur des Dompropstes Hugo Franz zu Eltz und ein 1616 in Mainz gedrucktes Gebetbuch zu sehen, auf dessen roten Samteinband das Eltzer Wappen gestickt ist. Ganz unten stehen

eine vierteilige Messgarnitur aus vergoldetem Silber, die 1744 in Augsburg hergestellt wurde, und ein mit Edelsteinen kunstvoll verziertes Reliquienkreuz, das ebenfalls aus Silber getrieben und vergoldet ist.

In der vierten Vitrine ist eine Uhrensammlung ausgestellt, zu der einige äußerst originelle Stücke gehören. Oben sieht man zunächst eine kleine Uhr in Kreuzform mit einem Gehäuse aus Bergkristall und einer Fassung aus vergoldetem Silber. Sie entstand um 1585 in Augsburg und war ein Geschenk des Papstes Sixtus V. an den Trierer Kurfürsten Jakob III. zu Eltz. Links darunter steht eine Figurenuhr, die in der Zeit nach dem Dreißigjährigen Krieg angefertigt wurde. Der Stimmung dieser Jahre entsprechend zeigt sie eine Friedensallegorie mit ruhenden Waffen, gebundenen Kriegern und oben einem Paar von Köpfen, das zwei versöhnte Gegner darstellen soll. Wiederum ein Stück weiter unten steht rechts eine weitere Tischuhr mit einem schlichten Zifferblatt auf der Oberseite. Sie

Hoechster Porzellan aus dem 18. Jahrhundert

entstand um 1700 in Frankfurt aus gegossenem Messing, das versilbert und teilweise vergoldet wurde. Die Tischuhr links darunter ist etwa ein Jahrhundert älter und besteht aus vergoldetem Kupfer. Sie wird an den Ecken von vier Säulen geschmückt und hat einen orientalisch wirkenden, kuppelartigen Abschluss. Ganz unten sieht man schließlich die ungewöhnlichste Uhr der Sammlung, die 1670 in Augsburg hergestellt wurde. Sie hat die Form eines Löwen, der mit der rechten Pranke das Wappen der Familie Eltz hält. Wenn die Uhr läuft, bewegen sich die Augen des Löwen im Sekundentakt von links nach rechts, zur Viertelstunde bewegt er außerdem seinen Schwanz und zur vollen Stunde streckt er zusätzlich seine Zunge aus.

Die fünfte Vitrine zeigt eine Glassammlung. Oben sind Gläser und Deckelgläser aus dem Besitz des Kurfürsten Philipp Karl zu sehen, unten Wappengläser anderer Kurfürsten. In der sechsten Vitrine an der Fensterfront ist schließlich eine bunte Sammlung kleiner

Kunstobjekte ausgestellt. Es handelt sich dabei um die unterschiedlichsten Gegenstände und Kuriositäten wie Amulette und Figuren. Eine winzige Elfenbeinfigur zeigt zum Beispiel einen »Dukatenscheißer«. Sie wurde um 1650 in Amsterdam geschnitzt und illustriert anschaulich, wie humorvoll die Kunst dieser Zeit sein konnte. Aus Elfenbein besteht auch ein runder Stockknauf, in den vier Gesichter geschnitzt sind, die die vier Temperamente darstellen sollen. In einem Kasten sieht man außerdem eine kleine Reliquiensammlung, unten mehrere Tabakdosen und ein Kartenspiel.

Schräg gegenüber dieses kleinen Kuriositätenkabinetts steht in der Mitte der Halle eine hohe Vitrine, in der Porzellan ausgestellt ist. Es handelt sich dabei um Hoechster Porzellan aus dem 18. Jahrhundert. Die Hoechster Porzellanmanufaktur, deren Zeichen das Mainzer Wappenrad war, wurde zunächst als private Handelsgesellschaft betrieben, bevor sie 1766 durch den Mainzer Kurfürsten in eine Aktiengesellschaft umgewandelt wurde. Zu den Gründungsaktionären zählten die Grafen Hugo Franz Karl und Anselm Casimir zu Eltz. Trotz der hohen Qualität ihrer Produkte war die Manufaktur wirtschaftlich kein Erfolg. Da man daher die Aktionäre mit Geschirr abfinden musste, gelangte eine große Menge Hoechster Porzellan in den Besitz der Familie Eltz.

Zwischen der Porzellanvitrine und der zuvor erwähnten Silberstatue des heiligen Johannes von Nepomuk hängen zwei Ahnentafeln, die im Auftrag des Johann Jakob zu Eltz-Kempenich – des Vaters des späteren Kurfürsten Philipp Karl – um 1663 in Öl gemalt wurden. Auf der zu den Fenstern weisenden Tafel kann man ihn in einer Rüstung vor einem Baum sitzen sehen. Im Hintergrund ist neben einer malerischen Flusslandschaft auch Burg Eltz zu erkennen – bei dieser Abbildung handelt es sich um eine der ältesten bekannten Darstellungen der Burg (Abb. S. 3 und 29). Die auf der Stammtafel verzeichneten Ahnen reichen bis in das 12. Jahrhundert zurück. Auf dem zweiten Stammbaum sind die Vorfahren von Johann Jakobs Ehefrau Maria Antonetta Schenkin von Schmittburg aufgeführt.

In den Tischvitrinen vor den beiden Ahnentafeln werden Jagdwaffen gezeigt. In der zu

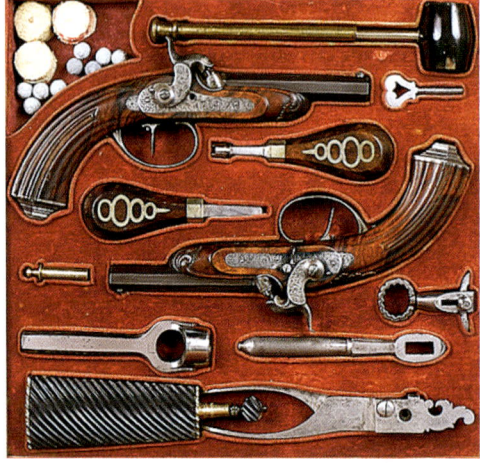

Duellpistolen mit Zubehör aus der Werkstatt Kuchenreuter in Regensburg

den Fenstern weisenden Vitrine ist u.a. eine mit Perlmutteinlagen orientalisch verzierte Radschlossflinte ausgestellt, die um 1620 hergestellt wurde und zur Vogeljagd benutzt wurde. Außerdem sieht man zwei Pulverhörner aus Elfenbein mit indischen Motiven, einen Jagddolch und Essbesteck. In der gegenüberliegenden Vitrine befindet sich eine Pistolensammlung. Die 14 Pistolen, deren Läufe teilweise mit Silberarbeiten verziert sind, stammen aus dem 18. Jahrhundert und sind um einen Kasten herum gruppiert, in dem man zwei kunstvoll gearbeitete, kleine Duellpistolen mit dem entsprechenden Zubehör sehen kann. Dieses Set stammt aus der Regensburger Werkstatt Kuchenreuter.

In den hohen Vitrinen an der zum Innenhof weisenden fensterlosen Wand der großen Halle hängt vor grünem Hintergrund eine Flinten- und Büchsensammlung aus dem 17. und 18. Jahrhundert. Darunter sind fünf Pistolenpaare zu sehen. Das linke dieser Pistolenpaare und die unmittelbar darüber hängende Flinte stammen aus dem Besitz des Kurfürsten Philipp Karl zu Eltz. Direkt über der Flinte Philipp Karls hängt eine so genannte Windbüchse, bei der es sich um eine echte Rarität handelt. Die aus der Werkstatt Walster in Saarbrücken stammende Waffe wurde mit Pressluft – und daher geräuschlos – abgeschossen. Ihr Steinschloss ist funktionslos. Da besonders Wilderer diesen stillen Büchsentyp gerne benutzten, wurde er dem allgemeinen Volk bald nach seiner Erfindung verboten. Auf der Kolbenkappe der Windbüchse kann man einen kurzen, gereimten Text lesen, der einen Eindruck von ihrer gefürchteten Funktionsweise vermittelt: *»Durch meines athems krafft erblasset, sinckt und fällt was auf die hundert schritt sich mir entgegenstellt«.* Ungewöhnlich sind auch zwei der Büchsen, die ganz rechts in derselben Vitrine hängen. Die dritte und die vierte Waffe von oben sind Jagdbüchsen, die zwar nur einen Zündmechanismus, aber zwei Läufe haben. Nachdem man einen ersten Schuss abgefeuert hatte, konnte man den Lauf wenden, also den unteren Lauf nach oben drehen, um damit ein zweites Mal zu schießen.

Sammeltasse mit Abbildung der Burg Eltz

Vukovar

Der zweite Raum, der sich hinten an die große Halle anschließt, ist ganz von seinem hellen mittelalterlichen Kreuzgratgewölbe geprägt, das von einem mächtigen Mittelpfeiler gestützt wird. Er enthält Gegenstände aus den einstigen Besitzungen der Familie Eltz in Vukovar.

Die Bindung der Familie an Kroatien geht auf das Jahr 1736 zurück, als Kurfürst Philipp Karl zu Eltz für 175000 rheinische Gulden die Herrschaft Vukovar an der Donau kaufte (vgl. S. 28). Zu ihr gehörten neben Vukovar selbst 22 Dörfer und 15 Güter mit etwa 30000 Untertanen. Der ferne Besitz war zunächst nicht sehr ertragreich. Sein Gebiet wurde ständig von marodierenden Truppen und Räubern bedroht. Außerdem verschlangen die dem Grundherren zufallenden Aufgaben – wie Organisation und Verwaltung des Schul-, Gerichts- und Gesundheitswesens sowie der Bau und die Instandhaltung von Brücken und Straßen – oft mehr Geld als der Zehnte ein-

brachte, den die Bevölkerung zahlen musste. Nachdem die Linie Eltz-Kempenich bereits im späten 18. Jahrhundert ihren Hauptwohnsitz nach Vukovar verlegt hatte, ergab sich nach der Bauernbefreiung im Jahre 1848 die Gelegenheit zum Ausbau des Gutes. Die Besitzungen waren zwar um zwei Drittel verkleinert worden, zugleich entfielen aber die früheren finanziellen Verpflichtungen des Gutsherren. Durch großflächige Entwässerungsmaßnahmen und den Einsatz neuer Anbau- und Tierzuchtverfahren wurde der Besitz in der zweiten Hälfte des 19. Jahrhunderts zu einem regelrechten Musterbetrieb ausgebaut. Dies war vor allem dem Engagement des Grafen Karl zu Eltz zu verdanken, der gleichzeitig auch Burg Eltz durch umfassende Renovierungsarbeiten in Stand setzen ließ (vgl. S. 30). Seine Nachkommen lebten noch bis 1944 im Schloss Eltz in Vukovar. In diesem Jahr enteignete das kommunistische Regime entschädigungslos den gesamten Besitz. Erst mit der Unabhängigkeit Kroatiens konnte der Seniorchef des Hauses, Jakob Graf zu Eltz,

Erinnerungsstücke an das Schloss Eltz in Vukovar

Im linken Teil des Raums kann man eine Tischszene betrachten, die sich im Schloss Eltz in Vukovar abgespielt haben könnte. Möbel, Teppich, Leuchter, Besteck und Geschirr, ja sogar die ausgestellte Kleidung stammten aus Vukovar. Die am Tisch sitzende Figur ist in festlicher Tracht aus Goldbrokat und mit einem Zobelpelz gekleidet. Der neben dem Tisch stehende Soldat trägt die Uniform der Panduren, d. h. der Soldaten, die von kroatischen Grundherren zur Abwehr türkischer Angriffe und zum persönlichen Schutz eingestellt wurden. Das Dienstmädchen ist in der Sonntagstracht kroatischer Bäuerinnen zu sehen. Im Glasschrank links steht eine Gläsersammlung aus dem 18. und 19. Jahrhundert. Die Porträts im Hintergrund zeigen den Grafen Karl zu Eltz und seine Ehefrau Ludwine, geborene Pejacsevich de Veröcze.

Rüstkammer

Eine enge Wendeltreppe führt von der großen Halle in die tiefer gelegenen Etagen der Schatzkammer. Man kommt dort zunächst in einen Kellerraum, dessen Aussehen ganz von seiner wuchtigen, über 500 Jahre alten Eichenbalkendecke beherrscht wird. Die Holzdecke, die im Gegensatz zum ersten Raum der Schatzkammer naturbelassen und nicht verputzt wurde, ist so niedrig, dass sich manch großer Besucher etwas bücken muss, um unter dem Querbalken hindurch zu den Vitrinen zu gelangen, in denen eine Waffensammlung ausgestellt ist.

In der rechten Raumecke sind in einer Vitrine mehrere Streitkolben zu sehen. Sie hängen um einen braunroten Schild aus Leder, bei dem es sich um eine Tartsche – den Schild eines Bogenschützen – handelt. Darunter sind zwei ungewöhnliche Kombinationswaffen zu sehen, die jeweils aus einer Pistole bestehen, die man gleichzeitig als Streitaxt verwenden konnte. Unten rechts in der Vitrine sind außerdem mehrere Kugelbehälter und Pulverflaschen ausgestellt.

1990 wieder in seine alte Heimat zurückkehren und wurde Mitglied des kroatischen Parlaments in Zagreb. Wie die gesamte Stadt wurde das Schloss Eltz in Vukovar 1991 durch die Serben bis auf die Grundmauern zerstört. Die wenigen Erinnerungsstücke an Vukovar, die 1944 gerettet werden konnten, sind im zweiten Raum der Schatzkammer zu sehen.

In den Vitrinen an der rechten Wand des Raumes ist Porzellan aus verschiedenen Manufakturen ausgestellt, das von der Familie Eltz in Vukovar benutzt wurde, darunter in der ersten Vitrine oben links ein fünfteiliges Schokoladenservice. Die knallbunten kleinen Tassen in der Mitte der Vitrine sind Mokkatassen aus dem frühen 19. Jahrhundert. Besonders originell sind zwei Sammeltassen, die sowohl auf der Tasse als auch auf dem Unterteller verschiedene Ansichten der Burg Eltz zeigen. Die Kerzenleuchter wurden in der ersten Hälfte des 19. Jahrhunderts aus Bronze gefertigt und vergoldet. In der hinteren Vitrine ist mit blauem Blumenmuster verziertes Porzellan zu sehen, das um 1810 in Wien hergestellt wurde.

Zwischen den Fenstern an der Rückwand der Rüstkammer kann man Schwerter, Degen und Dolche aus dem 16. und 17. Jahrhundert betrachten. In ihrer Mitte hängt ein – an seiner charakteristischen Form leicht zu erkennender – Teil einer Pferderüstung. Unten sieht man ferner reich verziertes Zaumzeug, Sporen und Steigbügel.

Die Eckvitrine links zeigt eine Sammlung von Jagdarmbrüsten. Die oberen stammen größtenteils aus dem 16. Jahrhundert und sind mit Elfenbeineinlegearbeiten kunstvoll verziert. Die beiden ebenfalls ausgestellten Winden musste man zum Spannen der Sehne benutzen, denn die Spannkraft des Stahlbogens der Armbrüste war so stark, dass man dies mit reiner Muskelkraft nicht geschafft hätte. Je nach Bolzenart konnte die Schussweite bis zu 500 Meter, die Fluggeschwindigkeit über 70 Meter pro Sekunde betragen. Unten sieht man so genannte Kugelschnäpper, kleine, eiserne Armbrüste, die für die Vogeljagd verwendet wurden.

Blick in die unteren Stockwerke der Schatzkammer

Helm der Prunkrüstung in der Rüstkammer

Rechts neben dem Durchgang in den nächsten Raum steht eine schlichte Geräte- oder Waffentruhe aus Massivholz mit groben schmiedeeisernen Bändern und einem äußerst seltenen hölzernen Schloss. Sie stammt aus dem 12. oder 13. Jahrhundert und ist somit das älteste erhaltene Möbelstück auf Burg Eltz – gewissermaßen das Vorläufermodell späterer, weniger grob gearbeiteter Truhen, wie man sie in den Wohnräumen der Burg zum Beispiel in der Rodendorfer Küche (vgl. S. 72) und im Rübenacher Untersaal (vgl. S. 47) sehen kann.

Links neben dem Durchgang wartet schließlich das auffälligste Stück in diesem Raum, eine reich verzierte Prunkrüstung. Sie macht einen völlig anderen Eindruck als die große, etwas grobschlächtig wirkende Maximilianische Kampfrüstung, an die man sich noch aus dem Rittersaal erinnert (vgl. S. 63). Die in der Schatzkammer ausgestellte Rüstung ist nicht nur viel kleiner und zierlicher, sie ist vor allem mit vielen kunstvollen Goldeinlegearbeiten geschmückt. Auf dem Handschuh ist ein Text zu lesen, der beschreibt, wie diese Eltzer

Schwerter aus dem 16. und 17. Jahrhundert

Rüstung von einem Mitglied der verwandten Familie Dahlberg beim Ritterschlag getragen wurde: »*Anno 1764 den 3 April ist in diesem Eltz Kempenicher alten Turnierharnisch als erster Ritter mit Carolo Magno Schwert geschlagen worden von dem 27 Mertz erwaehlten um 3 April gekrönten römischen König Josepho d 2 in Frankfurt am Mayn in St Bartholaei Kirche der Reichs Frey hoch und wohlgeborene Freyherr Franz von und zu Dahlberg der Kayserliche Burg Friedberg Burggraf Curfürst – Mayntz – Geheimbster Rath weltlicher Statthalter zu Wormbs*«.

Gold- und Silberkammer

Schon wenn man noch in der Rüstkammer steht, sieht man im nächsten Raum das Gold blitzen. Der kleinste Raum der Schatzkammer wirkt fast wie ein Tresor, in dem vor rotem Samt ein Schatz dicht gedrängt neben dem anderen steht.

Links kann man zunächst eine große Prunkschale sehen, die um 1680 von Heinrich Mannlich in Augsburg angefertigt wurde und Alexander den Großen zeigt. Derartige repräsentative Prunkschalen sind eine Erfindung der zweiten Hälfte des 17. Jahrhunderts. Sie entwickelten sich aus der traditionellen Waschgarnitur, die üblicherweise aus einer flachen Waschschüssel und einer Wasserkanne bestand. Um 1650 kamen Silberschmiede in Augsburg – damals das wichtigste Zentrum der deutschen Gold- und Silberschmiedekunst – auf die Idee, den Standring der Wasserkanne in der Mitte der Schüssel wegzulassen, um so den Grund der Schüssel kunstvoller gestalten zu können. So verselbstständigte sich die Schüssel zu einer eigenständigen, häufig aufwändig dekorierten Prunk- oder Schauplatte. Da solche Schalen meistens auf Gesimsen oder hohen Regalen standen, also nicht aus der Nähe angesehen werden konnten, waren sie in der Regel nur sehr grob gearbeitet. Die in der Eltzer Schatzkammer zu sehende Prunkschale ist in dieser Hinsicht eine Ausnahme, denn sie ist mit viel Sorgfalt und Geschick getrieben, ziseliert und teilweise vergoldet. Sie zeigt in der Mitte Alexander den Großen, dem nach der Schlacht bei Issos die Mutter, die Ehefrau und die Tochter des besiegten persischen Königs Dareios III. in die Hände gefallen sind, und der seine edle Haltung dadurch zeigt, dass er sie nicht als Gefangene, sondern als Königinnen behandelt. Diese Darstellung wird von mehreren kleineren Abbildungen im Rand der Schale umgeben, die u. a. die Jagd, den Fischfang und die Landwirtschaft zeigen.

Vor der großen Prunkschale stehen mehrere Weingefäße in Form von Reiterstatuen, die aus getriebenem und teilweise vergoldetem Silber bestehen und im 17. Jahrhundert in Augsburg angefertigt wurden. Weiter rechts sieht man eine geschnitzte Holzfigur aus Buchsbaum mit einem silberbeschlagenen Sockel (1650) und eine winzige flämische Elfenbeinminiatur, die den heiligen Georg darstellt. Sie wurde um 1420 hergestellt und später mit einem gefälschten Dürer-Mono-

Reich verzierte Prunkrüstung, um 1520

Bernsteinbecher aus dem 17. Jahrhundert

gramm versehen. Es folgen ein ostdeutscher Bernsteinbecher aus dem 17. Jahrhundert und mehrere Elfenbeinbecher, die mit Jagdszenen und unterschiedlichen antiken Motiven verziert sind. In einem schwarzen Rahmen sieht man ein Elfenbeinrelief, das eine Wildschweinjagd zeigt. Weiter unten steht ein ebenfalls aus Elfenbein gefertigtes Kästchen, dessen Schnitzereien Allegorien des Todes und des Lebens zeigen. Die Silberschale daneben ist eine Kredenz mit kleinen Emailarbeiten und einem feinen Blumenaufsatz. Weiter rechts schließen sich weitere Reiterfiguren an, die aus Silber getrieben und teilweise vergoldet wurden. Einige dieser Reiter aus dem 17. Jahrhundert stellen den schwedischen König Gustav Adolf dar. Über diesen Figuren hängen zwei dekorative antike Bronzeplatten in Rahmen aus dem 18. Jahrhundert.

Wiederum weiter rechts sieht man eine interessante Gruppe aus zehn Bechern, die der Familie des Hans Anton zu Eltz und seiner Ehefrau Anna von Metzenhausen gehörten. Sie ließen für jedes ihrer Kinder einen Becher

anfertigen, auf den der Name des Kindes und sein Geburtsjahr graviert wurden: Johann Friedrich 1632, Anna Maria 1634, Johann Jakob 1636, Franz Anton 1638, Karl Heinrich 1639, Johann Philipp 1641, Hugo Emmerich 1643, Maria Elisabeth 1645, Philipp Ferdinand 1647 und Johann Anton 1649.

Weiter rechts ist u. a. ein Trinkbecher in der Form einer Windmühle zu sehen, bei dem es sich um eine Art Trinkspiel handelt: Der Zecher musste durch ein Röhrchen blasen und damit die Windmühle in Bewegung setzen. Zum Leertrinken des Bechers hatte er dann nur so lange Zeit, wie sich die Flügel der Windmühle drehten. Noch weiter rechts steht ein Deckelpokal, der von dem bekannten Silberschmied Hans Petzold um 1610 in Nürnberg hergestellt wurde. Darunter stehen weitere Gefäße, u. a. ein römisches Tongefäß und rechts davon ein Trinkgefäß in Form eines Schwanes, das aus dem Gehäuse einer Nautilusschnecke gearbeitet ist und bereits um 1560 in Mainz angefertigt wurde.

Links und rechts der Durchgänge stehen schließlich zwei große zwölfarmige Tischleuchter mit gewundenen Säulen. Diese von fein gearbeiteten silbernen Blumensträußen gekrönten Leuchter entstanden um 1630 in Augsburg aus getriebenem Silber und sind teilweise vergoldet.

Dianagewölbe

Im letzten Raum der Schatzkammer, den man über eine weitere kleine Treppe erreicht, ist man im tiefsten Kellergewölbe der gesamten Burganlage angekommen. Der fensterlose Raum wirkt mit seinem weißen Tonnengewölbe und dem offenen Schieferfelsen an der hinteren Wand einfach und schmucklos. Um so edler sind die Exponate, die hier versammelt sind.

Rechts neben dem Eingang sieht man zunächst eine hohe Vitrine, in der sakrale Gegenstände ausgestellt sind, unter ihnen einige der ältesten Kunstwerke auf Burg Eltz. Man sieht u. a. einen Weihwasserbehälter aus Mes-

Becher der Familie des Hans Anton zu Eltz

sing, der um 1150 entstand, und ein rundes, gotisches Rauchfass aus Bronze, das um 1200 angefertigt wurde. Unten stehen vier Mess-kelche. Drei davon gehörten den Hauptlinien des Hauses Eltz, den Familien Eltz-Rübenach, Eltz-Rodendorf und Eltz-Kempenich. Außer-dem ist eine rheinische Monstranz ausgestellt, die um 1370 aus Silber gefertigt, vergoldet und mit Emailarbeiten verziert wurde (Abb. S. 90). Ihre Form erinnert ein wenig an die Ar-chitektur gotischer Kirchen mit ihrem typi-schen Maßwerk und schlanken Strebepfeilern. Den oberen Abschluss bildet ein spitzes Türmchen, unter dem eine winzige Figur zu erkennen ist. Sie zeigt den heiligen Georg, den Schutzpatron der christlichen Ritterschaft. Ein gotischer Reliquienbehälter – oben links in der Vitrine – sieht aus wie ein kleiner Turm mit einem schiefergedeckten, sechseckigen Dach über einem Zylinder aus Bergkristall. Er wurde im 15. Jahrhundert aus Kupfer getrie-ben und vergoldet. Zwischen dem Reliquien-behälter und der Monstranz kann man meh-rere Teile einer Kreuzigungsgruppe sehen.

Die kleinen Figuren zeigen Maria, Johannes und zwei schwebende Engel, die alle aus ver-goldetem Silber bestehen und um 1430 ent-standen.

In den Tischvitrinen an der linken Seite des Raumes sind u. a. Münzen und Schmuck zu sehen. Links liegen zunächst ein mit Edelstei-nen verziertes Schwertgehänge und ein Gürtel mit einer farbenfrohen römischen Gemme, die mit Brillanten, Smaragden und Saphiren verziert ist. Sie zeigt das Profil einer vorneh-men Römerin, die eine später ergänzte – echte – Halskette trägt. Wer sich im zweiten Raum der Schatzkammer die Porträts genau angese-hen hat, wird den Gürtel wiedererkennen, denn Karl Graf zu Eltz trägt ihn auf einem der Bilder. Außerdem sind eine Mantelschließe und mehrere Broschen ausgestellt. Viele die-ser Stücke sind auffallend bunt und aufwändig gestaltet – es fällt aus heutiger Perspektive schwer zu glauben, dass sie ausschließlich von Männern getragen wurden. In der mittleren Tischvitrine sind weitere kostbare Mantel-schließen, zwei mit Türkisen und Perlmutt

Rheinische Monstranz, um 1370

verzierte Gürtel aus dem 18. Jahrhundert und ein passend zu den Gürteln gestalteter ungarischer Krummsäbel zu sehen. In der rechten Tischvitrine liegen zahlreiche Münzen und Medaillen, die aus dem Besitz der Kurfürsten Jakob III. und Philipp Karl zu Eltz stammen, ein mit Silber- und Goldfadenstickerei verziertes Kelchtuch aus dem 18. Jahrhundert und rechts eine Reihe von Kämmererschlüsseln aus dem 17. und 18. Jahrhundert. Dies sind keine wirklich funktionierenden Schlüssel, sondern Standessymbole, die Kämmerern als Zeichen ihrer Macht überreicht wurden.

Bei den weiteren im hinteren Teil des Raums zu sehenden Ausstellungsstücken handelt es sich zu einem großen Teil um Trinkgefäße in unterschiedlichen Größen und Formen. Solche Kostbarkeiten aus Gold und Silber wurden auf Burg Eltz natürlich nicht tagtäglich benutzt. Im Alltag trank man auch im 15. und 16. Jahrhundert noch aus einfachen Keramik- oder Holzgefäßen. Prunkvollere Trinkgefäße waren besonderen Anlässen vorbehalten und wurden nur bei Festlichkeiten oder wichtigem Besuch benutzt. Dann waren sie eine Art Statussymbol, das den Rang und den Wohlstand des Gastgebers dokumentierte. In einer hohen Vitrine links der Felswand sind zum Beispiel drei edle Weingefäße in Schiffsform zu sehen. Solche Tafelschiffe zierten bereits im 14. Jahrhundert bei königlichen Feierlichkeiten den Tisch. Aus einer Abbildung in einer zeitgenössischen Handschrift weiß man etwa, dass der französische König Karl V. 1378 bei einem Fest im Königspalast in Paris seinem Ehrengast, dem deutschen Kaiser Karl IV., drei goldene Trinkschiffe vorsetzte. Die in der Eltzer Schatzkammer zu sehenden Schiffe sind etwas jünger. Sie wurden im 16. und 17. Jahrhundert angefertigt und sind bis ins kleinste Detail kunstvoll ausgearbeitet. Wenn man sich etwa das links stehende Schiff von 1580 ansieht, das einmal dem Kurfürsten Jakob III. zu Eltz gehörte, erkennt man, dass die Planken des Schiffs durch gravierte Linien angedeutet sind. Am Heck steht eine Landsknechtfigur mit Schild und Hellebarde, am Bug eine Narrenfigur mit einem Gefäß und dem Anker. Der

Tafelschiff aus dem Besitz des Kurfürsten Jakob III. zu Eltz, um 1580

Mast hat einen Ausguckkorb, zwei silberne, gerippte Segel und einen Wimpel mit einem emaillierten Wappen an der Spitze. Die am Mastkorb angebrachten Taue bestehen aus geflochtenem Silberdraht. Im Korb kann man ein winziges Figürchen als Besatzung erkennen.

Die Figuren über den Tafelschiffen stellen Herkules, Chronos und Atlas mit Erd-, Himmels- und Planetengloben dar. Sie wurden 1685 in Augsburg hergestellt und dienten vielleicht als Aufsätze einer großen Uhr.

In den Einzelvitrinen vor der Felswand sind drei der ungewöhnlichsten Kunstwerke der

Kokosnusspokal in Form eines Ungeheuers, um 1590

Schatzkammer ausgestellt. Da wäre zum einen ganz rechts ein humorvolles Trinkgefäß aus dem Jahr 1557, das zwei allegorische Figuren zeigt. Man sieht einen fettleibigen Mann in einer Schubkarre sitzen, die von einem in einem Weinfass steckenden Bacchus geschoben wird. So wurden zwei Untugenden dargestellt, die beide als Todsünden galten, nämlich die Völlerei, die von der Trunksucht befördert wird. Diese aus Silber gegossene und dann vergoldete Arbeit, die in Nürnberg hergestellt wurde, ist eine Rarität. Es gibt nur ein vergleichbares Exemplar, das im Grünen Gewölbe der Staatlichen Kunstsammlungen Dresden gezeigt wird.

Als Trinkgefäß diente auch der Kokosnusspokal in Form eines Ungeheuers, der direkt nebenan zu sehen ist. Er wurde um 1590 von Caspar Beutmüller in Nürnberg angefertigt und besteht aus einer – in der damaligen Zeit äußerst seltenen und wertvollen – Kokosnuss, die in vergoldetem Silber gefasst ist. Das Gefäß zeigt nicht nur das meisterhafte Können der Nürnberger Silberschmiedkunst des 16. Jahrhunderts, es spiegelt auch ein für die Zeit typisches Interesse an der Exotik fremder Länder wider. Erst ganz langsam begann man damals, die fernen Kontinente Afrika, Asien und Amerika kennen zu lernen, deren Natur und Kultur eine ungemeine Faszination ausübten. Infor-

mationen über sie waren sehr begrenzt und noch seltener waren echte Gegenstände aus fernen Ländern. Raritäten wie Straußeneier oder Kokosnüsse waren enorm teuer und wurden daher entsprechend aufwändig gefasst und in wertvollen Kunstwerken verarbeitet. Im Fall des in der Eltzer Schatzkammer zu sehenden Kokosnusspokals wird das exotische Material geschickt mit einem ebenso exotischen Motiv kombiniert. Er stellt ein Tier da, das wie ein Ungeheuer aussieht, eine Art Kreuzung aus Drache und Wildschwein. In der Vorstellung von Künstlern des 16. Jahrhunderts – wie dem Goldschmied Caspar Beutmüller, der den Pokal schuf – wurden ferne Kontinente von eben solchen fremdartig und etwas unheimlich aussehenden Tieren bewohnt.

Links ist in der dritten Vitrine schließlich eines der schönsten Stücke der Schatzkammer zu sehen. Es handelt sich wiederum um ein Trinkgefäß, das sicher das Prunkstück einer jeden Tischdekoration war und die Jagdgöttin Diana auf einem Hirsch zeigt (Abb. S. 93). Unterhalb des Hirschs sieht man ihre Jagd-hunde sowie kleine Frösche, Eidechsen und Insekten, die den Boden bevölkern. Dieses Gefäß war mehr als nur ein Pokal, es wurde bei Feiern als Trinkspiel benutzt. In seinem mit Ornamenten verzierten Sockel befindet sich ein Uhrwerk, das man aufziehen konnte, so dass sich Diana über die festlich gedeckte Tafel bewegte. Wenn sie stehen blieb, musste das Gefäß geleert werden. Dieses Spiel wurde dadurch noch interessanter gemacht, dass der Herr den Hirsch, die Dame den Hund austrank – beide Tiere waren mit Wein gefüllt und durch eine kurze Kette miteinander verbunden. Dieses Trinkspiel wurde um 1600 in Augsburg von Joachim Fries hergestellt.

Eine über drei Etagen reichende Treppe bringt die Besucher aus dem tiefsten Gewölbe der Schatzkammer wieder an das Tageslicht. Diese lange Treppe diente früher einmal als Rutsche für die Weinfässer, die man in den Kellergeschossen lagerte. Sie führt durch die über vier Meter dicke Außenwand des Rübenacher Hauses zurück in den Durchgang zum Innenhof.

Ausgewählte Literatur

Ausonius, *Mosella*, herausgegeben und in metrischer Übersetzung vorgelegt von Bertold K. Weis, Darmstadt 1989.

Baedeker, Karl, *Die Rheinlande*, Leipzig 1895.

Bornheim, Werner, *Rheinische Höhenburgen*, Neuss 1964.

Clemen, Paul (Hrsg.), *Die Kunstdenkmäler der Rheinprovinz*. Bd. 17.2. Die Kunstdenkmäler des Kreises Mayen, Düsseldorf 1943.

Conzemius, Victor, *Jakob III von Eltz, Erzbischof von Trier, 1567–1681: Ein Kurfürst im Zeitalter der Gegenreformation*, Wiesbaden 1956.

Dehio, Georg, *Handbuch der deutschen Kunstdenkmäler*. Rheinland-Pfalz – Saarland, 2. Auflage, München/Berlin 1984.

Duchardt, Heinz, *Philipp Karl von Eltz, Kurfürst von Mainz, Erzkanzler des Reiches (1732–1743)*, Mainz 1969.

Erwein zu Eltz, Johanna, *Die Burg Eltz*, Frankfurt 1931.

Hotz, Walter, *Kleine Kunstgeschichte der deutschen Burg*, Darmstadt 1965.

Hugo, Victor, *Choses vues 1848–1869*, Paris 1972. Die deutsche Übersetzung der auf Seiten 32–34 zitierten Passage stammt von Steffi Bauer, Mainz.

Knackfuß, Eduard, *Mein Weg zur Klosterpforte*, Vechta 1932.

Macquoid, Katharine, *In the Volcanic Eifel*, London 1896. Deutsche Übersetzung: Die Eifelreise. Eine englische Lady beschreibt ihre Eindrücke von Land und Leuten im Jahre 1895, Briedel 1995.

Powell, Cecilia, *William Turner in Deutschland*, München 1995.

Roth, F.W.E., *Geschichte der Herren und Grafen zu Eltz*, 2 Bde., Mainz 1889–90.

Schreiber, A.W., *The Traveller's Guide down the Rhine*, London 1818.

Seddon, John P., *Rambles in the Rhine Provinces*, London 1868. Die auf Seite 37 zitierte deutsche Übersetzung stammt aus Johann Jakob Hässlins Aufsatz »Neugotiker mit Kamera« im Ausstellungskatalog *Im Bilde reisen: Moselansichten von William Turner bis August Sander*, herausgegeben von Elisabeth Dühr und Richard Hüttel, Trier 1996.

Werder, Hans (= Anna von Bonin), *Im Burgfrieden*, 3. Auflage, Berlin 1911.

Zeune, Joachim. *Burgen: Symbole der Macht*, Regensburg 1996.

Praktische Informationen

Burg Eltz ist jedes Jahr vom 1. April bis zum 1. November geöffnet. In dieser Zeit finden täglich Führungen statt, die von 9.30 Uhr bis 17.30 Uhr in regelmäßigen Abständen beginnen. Die Schatzkammer kann zwischen 9.30 Uhr und 17.30 Uhr besichtigt werden.

Es gibt in der Umgebung mehrere Parkplätze, von denen aus Burg Eltz zu erreichen ist. Der Parkplatz an der Antoniuskapelle, den man über Münstermaifeld und Wierschen erreicht, ist nur etwa 800 Meter von der Burg entfernt. Besucher, die nicht gut zu Fuß sind, sollten unbedingt diesen Parkplatz anfahren, denn dort – und nur dort – gibt es einen Pendelbus, der sie direkt bis zum Haupttor der Burg bringt. Andere Parkplätze bieten die Möglichkeit, die Burg über schöne Wanderwege zu erreichen. Von Moselkern aus kann man bis zur Ringelsteiner Mühle fahren. Von dort führt ein Fußweg durch das Elztal zur Burg, für den man etwa 40 Minuten einplanen sollte. Der Weg von dem bei Müden gelegenen Parkplatz am Österhof ist etwas kürzer, allerdings teilweise sehr steil und beschwerlich. Von Karden aus ist man deutlich länger unterwegs. Die knapp zwei Stunden dauernde Wanderung zur Burg führt dafür aber an mehreren herrlichen Aussichtspunkten vorbei.

Weitere Informationen finden sich auf der ausführlichen Website www.burg-eltz.de.

Burg Eltz
D-56294 Münstermaifeld

Tel.:   02672/950500
Fax: 02672/9505050

Internet: www.burg-eltz.de
E-Mail: kastellanei@burg-eltz.de